www.ingramcontent.com/pod-product-compliance
Lightning Source LLC
LaVergne TN
LVHW010753051026
849532LV00007B/2359
* 9 7 8 9 3 6 9 0 8 6 3 6 8 *

احساس

(مجموعہ کلام)

رئیس رامپوری

© Raees Rampuri
Ehsaas *(Poetry Collection)*
by: Raees Rampuri
Edition: October '2025
Publisher :
Taemeer Publications LLC (Michigan, USA / Hyderabad, India)

ISBN 978-93-6908-636-8

کتاب	:	**احساس** (مجموعہ کلام)
مصنف	:	**رئیس رامپوری**
صنف	:	شاعری
ناشر	:	تعمیر پبلی کیشنز (حیدرآباد، انڈیا)
سالِ اشاعت	:	۲۰۲۵ء
صفحات	:	۱۶۶
سرورق ڈیزائن	:	تعمیر ویب ڈیزائن

یہ مجھ سے وسعتِ احساس لے لو
بہت محدود ہو کر رہ گیا ہوں

انتساب

میں اپنی اس شعری تخلیق کو اپنے ابو صاحب
حضرت لطیف الرحمٰن خاں لطیفؔ رامپوری مرحوم
(منصرم ریاست رامپور) کے نامِ نامی سے معنون کرتا
ہوں جنھوں نے اپنی زندگی میری تعلیم و تربیت
اور میری محبّت میں ختم کردی ــــــــــ

رئیسؔ رام پوری

اظہارِ تشکر

اس مجموعے کی اشاعت کے سلسلے میں جن بزرگوں اور ساتھیوں نے شفقت وخلوص کے ساتھ میری اعانت فرمائی ہے میں ان سب کا تہہ دل سے شکر گذار ہوں ——— اور حضرت مفاضل الحق صاحب مہری، حضرت مولانا ابوالمجاہد زاہد صاحب اور جناب عبدالملک سلیم صاحب (مدیر ماہنامہ نور) کا بھی ممنون ہوں کہ انھوں نے ہر قدم پر میری رہنمائی بھی فرمائی اور اپنا قیمتی وقت بھی میری خاطر ضائع کیا۔

جناب نازش بنارسی رامپوری، جناب رسالت خاں آف سُوار، جناب الحاج ابوالقاسم صاحب کاکی والے آف احمد آباد (گجرات) جناب الحاج مظہر حسین صاحب (انوار بیڑی والے بریلی) .. جناب رمیش چندر صاحب آزاد نور پوری (مرادآباد) اور سید آفتاب علی صاحب (ڈویزنل اکاؤنٹنٹ ہائیڈل) کی جو مساعی میری بھلائی کے لئے رہی ہیں وہ بھی ناقابلِ فراموش ہیں

رئیس رامپوری

۱۵ر مارچ ۱۹۷۰ء

جناب پروفیسر ذکا صدیقی

تعارف

سنہ ۱۹۶۱ء کا ذکر ہے بریلی میں نواب کبیر حسن خانصاحب کے مکان پر ایک مخصوص شعری نشست ہو رہی تھی۔ تماشائیوں یا سامعین میں میں بھی شامل تھا پروفیسر وسیم بریلوی اس مشاعرے کے مہتمم تھے انھیں کے اصرار پر میں شریک ہوا تھا اور دیوان خانے میں داخل ہوتے ہی اپنی آمد پہ منفعل ہونے لگا تھا۔ میں مردم بیزار نہیں ہوں، شاعر بیزار ہوں۔ حالانکہ خود شعر گوئی کا مجرم ہوں۔ شاعر کتنا ہی اچھا ہو اگر وہ انسان اچھا نہیں ہے یا صرف یوں کہیے کہ اگر وہ انسان نہیں ہے تو مجھے اپنے آپ سے شرم آنے لگتی ہے۔ عام لوگوں سے روزمرہ تصادم ہوتا ہے، کا تو کیا ذکر، شاعر محفل میں پیر پھیلائے بیٹھا ہو، بدتمیزی سے پان کھا رہا ہو، دوسرے شاعروں پر معاندانہ تبصرہ کر رہا ہو، چائے کے لیے مرا جا رہا ہو: شرمندہ میں ہوتا ہوں

خطا کرتا ہے شاعر اور ہم شرمائے جاتے ہیں

ظاہر ہے کہ شعر کی پرکھ کے لیے یہ معیار معروضی نہیں ہے، مجھے معلوم ہے ان باتوں کا تعلق شعر کی اچھائی یا برائی سے نہیں ہے۔ کتنے ہی بدسلیقہ بدمزاج، بدتہذیب، پست فطرت اور چھوٹے آدمی.... بہت اچھے

شاعر ہیں اور متعدد خوش سلیقہ، خوش مزاج، مہذب، عالی فطرت اور بلند ظرف حضرات نہایت گھٹیا شاعر ہیں۔ اس کے باوجود بہت سے اچھے شاعر بُرے آدمی ہونے کی بنا پر مجھے مطلق پسند نہیں۔ برے شاعر اچھے آدمی ہونے کی وجہ سے پھر گوارا ہوتے ہیں۔! تنقید نگار کے لیے یہ غیر معروضی معیار بہت خطرناک ہے۔ اسی لیے میں شاعروں پر کچھ لکھتے ہوئے گھبراتا ہوں مشاعروں اور نشستوں میں بھی مجبوری جاتا ہوں اور اپنے آپ کو بیحد مظلوم محسوس کرتا ہوں۔

میرا یہ فوبیا اس نشست میں بھی برابر میرے ذہن و دل کو گھونٹ رہا تھا ایک کے بعد دوسرا شاعر آرہا تھا، شعر سنا رہا تھا۔ اچانک یہ شعر سنائی دیا ؎

محبت نام کے ایک واقعے سے　　　　نہ جانے کتنے افسانے چلے ہیں

اب یاد نہیں میں نے کتنی بار یہ شعر سنا۔ شاعر کا نام نہ میں نے سننے کی کوشش کی تھی، نہ یاد رکھنے کی، نشست سے اٹھنے کے بعد شاعر کی صورت بھی تقریباً بھول گیا ـــــ شعر البتہ یاد رہ گیا

میں ۱۹۶۳ء میں رامپور آیا۔ یہاں میرے ایک عزیز شاگرد، جواں مرگ باقر علی خاں مرحوم نے کچھڑی کی دعوت دی۔ خدا اس کی مغفرت کرے بہت ہی با اخلاق اور با ادب نوجوان تھا۔ اس کی خاطر مجھے بہت عزیز تھی۔ اپنے اصولوں کو بالائے طاق رکھ کر دعوت میں جانا پڑا۔ چند اور

حضرات مدعو تھے۔ تعارف ہوا حضرت محشرؔ عنایتی، جناب نازشؔ نیازی جناب رئیسؔ رامپوری۔ معلوم ہوا کہ نازشؔ صاحب باقرؔ مرحوم کے حقیقی بڑے بھائی ہیں اور رئیسؔ صاحب قریبی عزیز رئیسؔ صاحب کو دیکھ کر محسوس ہوا کہ یا تو ان سے کہیں گفتگو ہوئی ہے یا کہیں کی صورت شناسائی ہے۔ کھانے کے بعد غزل خوانی کا دور شروع ہوا۔ رئیسؔ صاحب نے مطلع پڑھا تو قوافی و ردیف سُن کر میں چونکا رہا تا آنکہ وہ مندرجہ بالا شعر پر آئے۔ اب تو میں مزید متوجہ ہوا ــــــ غزل خوانی کے دوران محشرؔ صاحب کے لطائف و ظرائف، نازشؔ صاحب کی بے تصنع ہنسی، رئیسؔ صاحب کی برجستہ فقرہ گوئی اور باقرؔ مرحوم کی یاد اور مسکراہٹوں کا سلسلہ بھی چلتا رہا۔ اس محفل نے مجھ پر بڑا اچھا اثر چھوڑا

پھر رئیسؔ صاحب سے ملاقاتوں کا سلسلہ جاری ہو گیا۔ ہر ملاقات کے بعد ان کی دوست داری، خوش سلیقگی اور خلوص کا میں معترف سے معترف تر ہوتا گیا۔ اس دوران ــــ یعنی اس گیارہ سال کے عرصے میں ان کا کلام کثرت سے سُنا۔ اب اس کا انتخاب آپ کے پیش نظر ہے۔

میں ادب میں مقامی اسکولوں یا دبستانوں کا قائل نہیں۔ یہ البتہ ہر کہ ہر مقام کا روزمرہ اور محاورہ اس مقام کے باشندہ شاعر کے کلام کو دوسرے مقامات کے باشندہ شاعروں کے کلام سے کسی حد تک ممتاز کر دیتا ہے۔

گو جدید شاعری کے اس دور میں اب یہ امتیاز بھی اُٹھ گیا ہے۔ لیکن جدید شاعری کا شعری تلازمہ اور اسلوب خود اس قدر ممتاز و منفرد ہے کہ اسے قدیم شاعری کے تلازمے اور اسلوب سے بہت آسانی کے ساتھ ممیز کیا جا سکتا ہے۔ اس لحاظ سے رئیس صاحب کی شاعری موخرالذکر دبستان کی شاعری ہے اس دبستان کے شعری و فکری موضوعات بہت محدود ہیں۔ شاعر کا کام صرف یہ رہ جاتا ہے کہ وہ برجستہ انداز میں انھیں بیان کر دے۔

رئیس صاحب کی شاعری میں مجھے جو چیز سب سے زیادہ نمایاں معلوم ہوئی وہ یہ ہے کہ ان کے یہاں حزن و نشاط دست و گریباں ہیں۔ مزاجاً وہ نہایت زندہ دل اور یار باش آدمی ہیں۔ وہ مہذب بے تکلف اور بے تکلف مہذب دوست ہیں۔ وہ جس سے ملتے ہیں ٹوٹ کر ملتے ہیں اور خلوص سے ملتے ہیں لیکن ان کے جاننے والے جانتے ہیں کہ انھیں اس خلوص اور دوست داری سے بڑے تلخ تجربے ہوتے ہیں۔

ان تجربوں نے انھیں دوستی کے معاملے میں بہت ہی حساس بنا دیا ہے ان کے یہاں دوست اور دوستی سے متعلق اشعار نہایت وافر تعداد میں ہیں اور تقریباً ہر شعر ان کے کسی نہ کسی تجربے کا آئینہ دار ہے۔ ان کا ہر شعر محض روایتی شعر نہیں ہے ؎

کچھ مزاج آشنا ملے لیکن — کوئی بھی درد آشنا نہ ملا

۱۰

میں نے ایک دفعہ ان سے عرض کیا تھا کہ حضرت اس زمانے میں کسی ایک مزاج آشنا کا مل جانا بھی "بہتر ہے ملاقاتِ مسیحا و خضر سے" پھر آپ کو تو "کچھ" مزاج آشنا ملے ہیں، درد آشنا نہیں ملتا تو شکایت کا کیا محل ہے؟ لیکن ہر شخص کا دوستی کا معیار بھی انفرادی ہوتا ہے۔ اس لیے اس سلسلے میں ان سے بحث نہیں کر سکا ——— ایک جگہ کہتے ہیں ؎

بعض اوقات نصیحت کا سہارا لیکر ۔۔۔ بعض احباب بڑی دل شکنی کرتے ہیں

اسی مضمون کو زیادہ نفاست اور بلاغت کے ساتھ یوں ادا کیا ہے ؎

انھوں نے جو بھی کہا سادگی کے ساتھ کہا

ہمارے ذہن میں رخ بات بات کے بدلے

رئیس صاحب کی شاعری میں گل و بلبل، شمع و پروانہ اور زلف و رخ کے مضامین بھی کثرت سے ہیں لیکن حسن و عشق کے لیے یہ صدیوں پرانے علائم اب بھی اپنے اندر بہت جان رکھتے ہیں رئیس صاحب کے بعض اشعار انکی شگفتگی اور تازگی کی مثال ہیں۔ تاہم محبت کے بعض لطیف مضامین انھوں نے ان علائم کا سہارا لیے بغیر بھی بہت بلاغت سے اظہار کر دیے ہیں:۔

گھر میں بیٹھے رہیں تو جی گھبرائے ——— گھر سے نکلیں تو ہم کہاں جائیں

مجھ کو اور اس کے غم کے سوا سوچنا پڑا ۔۔۔ حالات کا بُرا ہو یہ کیا سوچنا پڑا

11

میں چپ کہ بیکسی کا سہارا نہ ٹوٹ جائے
دنیا کا یہ خیال کہ منہ میں زباں نہیں

ہوں تو غم قسمت مگر پایا ہے وہ رنگیں مزاج
مجھ سے بعض اوقات کترا کر گزر جاتے ہیں غم !

اس کا تو غم نہیں کہ نشیمن اجڑ گیا
اس کا قلق رہے گا کہ دن تھے بہار کے

ایسے چونک اٹھے مری آہٹ پر
جیسے کچھ کہنے کو ہوں ویرانے

ان کو احساس ہو چلا ہے رئیس
وہ نظر، وہ ہنسی، وہ بات کہاں

کہاں گئی مری زندہ دلی میں کیوں سوچوں
یہ فرض میرا نہیں دوستو تمہارا ہے

قدم قدم پہ ارادے شکست ہوتے ہیں
خدا پہ پھر بھی یقیں کیوں نہیں خدا معلوم

ہر ذرہ کائنات کا تصویرِ یاس ہے
میں کیا اداس ہوں کہ زمانہ اداس ہے

زندگی سے ہم کہیں اکتا نہ جائیں
حادثے آئیں مگر پیہم نہیں

اُف وہ گھبرا کے چاروں طرف دیکھنا
نام لکھ لکھ کے میرا مٹانے کے بعد

وہیں کانٹوں کے لیے راستے ہموار ہوئے
زندگی تو نے جہاں پھولوں پہ چلنا سیکھا

ہر اک سے پوچھتا بھی ہوں ان کا پتا مگر
دل یہ بھی چاہتا ہے کسی کو پتا نہ ہو

آج پھر ذہن پہ اک بوجھ سا ہے
سوچتا ہوں کہ میں کیا بھول گیا

پیروئِ دلِ ناداں کا سلیقہ ہے جنھیں۔
ان سے پوچھے کوئی بے راہ روی کی قیمت

عمر بھر بے قرار رکھنے کو
چند لمحے قرار میں گزرے

۱۲

مجھ سے وہ کتنی دور رہیں اے دل — یہی منزل کا فاصلہ ہوگا
یہ مجھ سے وسعتِ احساس لے لو — بہت محدود ہو کر رہ گیا ہوں
آج مدت کے بعد اس نے رئیسؔ — حال پوچھا تو آنکھ بھر آئی

آج کی شاعری کا مزاج جس انداز میں بدلا ہے اور حسن کا مذاق اب بیشتر اچھے قارئین میں خوب پیدا ہو گیا ہے، اس کے پیش نظر مندرجہ بالا اشعار قابل نظر محسوس ہوں گے لیکن واقعہ یہ ہے کہ تمام روایتی اور تقلیدی شاعری کا جہاں یہ سقم ہے کہ وہ موجودہ نسل و عہد کے تیزی سے بدلتے ہوئے حالات کے تکرار واقعی اظہار و ابلاغ کے ناقابل ہے وہیں اس کی یہ اہمیت بہر حال لائق اعتنا ہے کہ وہ ہمارے حال سے ماضی کی کڑی کو جوڑتی بھی ہے۔ اسی لیے میری رائے یہ ہے کہ وقت کے تقاضے کے تحت شعر کے نئے ادراک کے نئے ابعاد اور اظہار کے نئے انداز کے ساتھ ساتھ اس تقلیدی طرز کا وجود بھی تقاضائے فطرت کے عین مطابق ہے۔ شعر و ادب میں WATER TIGHT COMPARTMENT نہ کبھی ہوئے ہیں نہ ہو سکتے ہیں اور نہ ہونے چاہئیں۔

رئیس صاحب کی شاعری کا مطالعہ میں نے اپنی اسی رائے کے پیش نظر کیا ہے اور اس سے لطف اندوز ہوا ہوں۔

مجھے امید ہے کہ جو قارئین لچک دار ذوق رکھتے ہیں وہ بھی اس شاعری سے محظوظ ہوں گے۔

۲۵ جون ۱۹۷۵ء

۱۳

حضرت محشر عنایتی

رئیس کا رنگِ تغزل

لگ بھگ ۱۹۵۰ء کی بات ہے اس وقت روزنامہ ناظم رامپور کی ادارت کے فرائض مجھ سے متعلق تھے اور میں ناظم کے دفتر میں تھا صبح دس گیارہ بجے کا وقت ہوگا کہ میرے کرم فرما اور اُستاد بھائی منشی لطیف الرحمن خاں صاحب لطیف رامپوری ایک لڑکے کو ساتھ لیے تشریف لائے، میں اس لڑکے کو خوب جانتا تھا، چندہ پیارے خانصاحب (خاندانی نام عجب نورخاں) بے تک کا بڑا فرزند اس نسبت سے عشرت نور نام اور لطیف الرحمن خاں صاحب نے اپنی تبنیت کے لحاظ سے رئیس الرحمٰن نام رکھا تھا، اِدھر اُدھر کی دو چار باتوں کے بعد فرمانے لگے اسے شاعری کا بہت شوق ہے شاعرانہ تربیت و راہ نمائی کے لیے تمہارے سپرد کرتا ہوں یہ میں گھبرایا، اپنی عدم صلاحیت و کم فرصتی کا بہت زیادہ عذر کیا مگر ان کے اصرار اور قطعی فیصلے کے آگے کوئی عذر لائق پذیرائی قرار نہ پاکر خاموش ہو جانا پڑا۔

رئیس موزوں طبع تھا، سیدھے سادھے شعر کہتا، بسا اوقات اشعار میں خامیاں ہوتیں، عمر و مشق ہی کیا تھی: میں سمجھاتا گیا وہ شعر کہتا گیا،

کچھ ہی دنوں میں نمایاں فرق ہوگیا، یہ اس کی ذہانت وصلاحیت کی دلیل تھی۔ میں نے جان لیا کہ آگے چل کر اپنے شوق کو پروان چڑھائے گا، انھیں دنوں ایک طرحی مشاعرہ ہوا، رئیس نے بھی غزل کہی، مشاعرے میں پہنچا فہرست میرے پاس تھی، نواب زادہ جعفر علی خاں صاحب اثرؔ حامدی صدر تھے مرادآباد کے ایک نوجوان نے ترنم سے اپنی کامیاب غزل پڑھی کافی داد ملی اور بہت ہی کامیاب رہا۔ میں نے اس کے فوراً بعد رئیسؔ کا نام پکار دیا اٹھا، ڈائس پر آیا، چہرے پر گھبراہٹ کے آثار تھے میں نے کہا اطمینان سے پڑھو، مطلع پڑھا ؎

نہ ہے نصیب کہ منزل ہے بے نشاں اب تک　　لیے ہوئے ہے مجھے گردِ کارواں اب تک

سب نے کافی تعریف کی، رئیسؔ کے چہرے سے گھبراہٹ کے آثار جاتے رہے، اس نے شعر پڑھا ؎

بہار آئی تو اس کی بہار کیا ہو گی　　رہا ہے وقفِ حوادث جو گلستاں اب تک

ملک کو آزاد ہوئے چند ہی سال گزرے تھے۔ شعر حالات ورجحانات کا آئینہ دار تھا، داد وتحسین کا شور اٹھا، رئیسؔ ترنم ریز تھا ؎

نئے نئے سے جو رہبر نہ آسرا دیتے　　کہاں پہنچتا خدا جانے کارواں اب تک

داد وتحسین کا سلسلہ ہمہ گیر ہوگیا اور ان اشعار پر تو ہنگامہ برپا ہوگیا ؎

جنونِ عشق زیادہ دنوں کی بات نہیں　　بٹی ہیں جیب وگریباں کی دھجیاں اب تک

قفس نصیب ذرا دیکھنا چمن کی طرف — وہ دے رہا ہے دھواں کس کا آشیاں تک
میں چھوڑ دوں گا نشیمن مگر لحاظ رہے — کہ میں نے خون سے سینچا ہے گلستاں تک

حالات سے اشعار کی مطابقت، رجحانات سے مناسبت، رئیس کا ترنم ہر شعر بار بار پڑھوایا گیا اور داد کے ملے ہے بقول تنھے چھتیں پھٹ گئیں رئیس اپنی جگہ واپس آیا۔ صدر مشاعرہ نواب زادہ جعفر علیخاں صاحب اثرؔ۔ نواب جمشید علی خاں صاحب نواب باغپت ضلع میرٹھ اور جناب گھونندن کشور صاحب شوق سابق جسٹس ہائی کورٹ نے انعامات میں تمغہ جات دینے کا اعلان کیا، ایک نومشق اور کم عمر نوجوان کے لیے یہ صورت حال کافی حوصلہ افزا اور موجب افتخار تھی دوسرے سال نمائش رامپور میں کل ہند مشاعرہ ہوا، حافظ محمد ابراہیم صاحب اتر پردیش کے وزیر آبپاشی و برقیات صدارت فرما رہے تھے کارکنان مشاعرہ نے نوجوان اور نومشقوں کے لیے تین انعامات رکھے تھے، حافظ صاحب موصوف کو مرحوم کو انعام پانے والوں کا انتخاب و اعلان فرمانا تھا، رئیس نے بھی غزل پڑھی ؎

نیاز عشق سے ناز بتاں تک بات جا پہنچی — زمیں کا تذکرہ تھا آسماں تک بات جا پہنچی الخ

بہت زیادہ پسند کی گئی، سب ہی نے پلٹ پلٹ کے داد دی، مشاعرہ ختم ہوا اور حافظ صاحب نے اعلان فرماتے ہوئے پہلے انعام کا مستحق رئیس رامپوری

کو قرار دیا، ایک مبتدی کے لیے ایک ڈیڑھ سال ہی میں یہ مقام حاصل کر لینا حیرت انگیز بھی تھا قابلِ ستائش بھی اور باعثِ فخر بھی، اس کے بعد رئیس تھا، اور ملک بھر کے مشاعرے۔

ترقی پسندی کا دور تھا، مگر رامپور کی غزل گوئی پر زیادہ اثرات نہیں پڑے تھے۔ رامپور میں غزل کا انداز تقریباً وہی تھا جو ۱۹۲۵ء کے بعد اصغرؔ، حسرتؔ، فانیؔ اور جگرؔ صاحب کے انداز سے پیدا ہوا تھا البتہ آزادی کے بعد جو ہنگامی حالات ملک میں رونما ہوئے تھے اس سے رامپور کی غزل گوئی بھی متاثر تھی۔ رئیس نے سادگی و صفائی کو ملحوظ رکھتے ہوئے جو ڈگر اختیار کی وہ اس فن کے لحاظ سے بے محل و نامناسب نہیں تھی وہ اپنے اس انداز میں کافی قبولیت حاصل کرتا جا رہا ہے، میں نے بھی اسے اپنے اختیار کردہ ڈگر پر چلنے دیا اور چاہا کہ اسی رنگ میں رچاؤ پیدا ہو۔ میرے خیال میں یہ غلط بھی نہیں تھا، کسی کو اس کی اختیار کردہ ڈگر سے ہٹا کر دوسری ڈگر پر ڈالنا اس کی صلاحیتوں کا رخ موڑنا ہوتا ہے اور اس میں ناکامی کے امکانات پیدا ہو سکتے ہیں۔

اس کے بعد جدیدیت کا سیلاب آیا، ملک کے بہت سے شعراء نے متاثر ہو کر غزل کا چولا بدلا، ذرا تاخیر سے رامپور کے بعض شعراء بھی متاثر ہوئے

مگر رئیس اپنی ڈگر پہ چلتے چلتے کافی پختہ اور مشتاق ہو چکا تھا، اس نے جدیدیت کو لائق اعتنا و توجہ نہ جانا، اور یہ تھا بھی درست، غزل کا حسن غزل کی جمالیاتی سج دھج اور غزل کی نازک مزاجی مشینوں کی گھن گرج کی متحمل بھی نہیں ہو سکتی اصناف شاعری میں غزل کی مثال نکھارے ہوئے سونے یعنی کندن کی سی ہے جو چھوٹی ہتوڑیہ کی ہلکی ضربات تو برداشت کر سکتی ہے لیکن گھن کی چوٹیں گوارا نہیں کر سکتی، دھڑکتی بیٹریاں، لرزتے پھیجے چیختے کوارٹر دھاڑتے اشجار اور سورج کو اپنی چونچ میں لے کر مرغے کا کھڑے رہنا غزل کے پھولوں بھرے دامن میں پتھر اور کنکر بھر دینا ہیں غزل تو وہی ہے جس کی بنیاد کو میرؔ نے اپنے خون جگر سے مضبوط کیا ؎

نازکی ان لبوں کی کیا کہیئے
پنکھڑی اک گلاب کی سی ہے

بس جو رویا کہا کہ یہ آواز
اُسی خانہ خراب کی سی ہے

اُلٹی ہو گئیں سب تدبیریں کچھ نہ دوا نے کام کیا
دیکھا اس بیماری دل نے آخر کام تمام کیا

تم دور جو ہم سے بھاگو ہو کیا سیکھے چلن غزالوں کا
وحشت کرنا شیوہ ہے کچھ اچھی آنکھوں والوں کا

سُنا ہے سودا نے میر کے ایک مقطع کے سلسلے میں کہا تھا۔ ایسا معلوم ہوتا ہے یہ ان کی والدہ نے کہا ہے یوں کہنا چاہیئے تھا ؎

سودا کی جو بالیں پہ ہوا شور قیامت
خدام ادب بولے ابھی آنکھ لگی ہے

سودا نے زور بیان سے ضرور کام لیا لیکن غزل کی نازک مزاجی کا لحاظ قطعی نہیں رکھا، غزل کی نازک مزاجی کا تقاضا تو اسی لوچ سے پورا ہوتا تھا

۱۸

سرہانے میر کے آہستہ بولو ابھی ٹک روتے روتے سو گیا ہے

میر کی اس بنیاد پر جرأت نے دیواریں اٹھائیں ہے

بال ہیں بکھرے بند ہیں ٹوٹے ٹیڑھا کان کا بالا ہے

جرات ہم پہچان گئے کچھ دال میں کالا سا کالا ہے۔

ترے کوچے اس بہانے مجھے دن سے رات کرنا

کبھی اس سے بات کرنا کبھی اس سے بات کرنا

مومن نے غزل کے در و دیوار کو نازک نقش و نگار سے سجایا ہے

اگر غفلت سے باز آیا جفا کی تلافی کی بھی ظالم نے تو کیا کی

ابھی اس راہ سے کوئی گیا ہے کہے دیتی ہے شوخی نقش پا کی

مومن نے جدیدیت سے بھی غزل کو آراستہ کیا مگر گھن گرج والی

جدیدیت سے نہیں، اتنے حسین اور نازک انداز میں کہ عروسِ غزل نے

اسے جھومر بنا کر اپنے سر پر جگہ دی۔ ملاحظہ ہو ہے

اتش غیرتِ ناہید کی ہر تان ہے دیپک شعلہ سا لپک جائے ہے آواز تو دیکھو

غالب نے جہاں یہ انداز اختیار کیا ہے غزل کی پیشانی چمکتی گئی ہے

دلِ ناداں تجھے ہوا کیا ہے آخر اس درد کی دوا کیا ہے

ہم ہیں مشتاق اور وہ بے زار یا الٰہی یہ ماجرا کیا ہے

کوئی امید بر نہیں آتی کوئی صورت نظر نہیں آتی

آگے آتی تھی حال دل پہ ہنسی اب کسی بات پر نہیں آتی

اور جہاں غالب نے یہ انداز اختیار کیا غزل کی پیشانی پر بل پڑ گئے ہے

نقش نازِ بتِ طناز بہ آغوشِ رقیب پائے طاؤس پئے خامۂ مانی مانگے

۱۹

قمری کفِ خاکستر و بلبل قفسِ رنگ
اے نالہ نشانی جگر سوختہ کیا ہے

میر کی بھری بنیاد پر جہاں اُردو غزل گو شعرانے عمارتیں بنائیں نقش و نگار اور رنگ و روغن سے ایوان غزل کو مزین و آراستہ کیا وہاں نظام رامپوری کا حصہ کسی سے کم نہیں۔ بلکہ مجھے اس اصاف گوئی کے لیے معاف کیا جائے کہ نظام کا حصہ سب سے زیادہ ہے۔ نظام نے غزل کو نکھار کر پہلی رات کی دلہن بنا دیا ہے

انگڑائی بھی وہ لینے نہ پائے اُٹھا کے ہاتھ
دیکھا جو مجھ کو چھوڑ دیئے مسکرا کے ہاتھ

دینا وہ ان کا ساغر یاد ہے نظام
منہ پھیر کر اُدھر کو ادھر کو بڑھا کے ہاتھ

انداز اپنے دیکھتے ہیں آئینہ میں وہ
اور یہ بھی دیکھتے ہیں کوئی دیکھتا نہ ہو

جب سے کھویا گیا ہے دل اپنا
چیز رکھتے ہیں بھول جاتے ہیں

تم سے کچھ کہنے کو تھا بھول گیا
ہائے کیا بات تھی کیا بھول گیا

یاد اس کی ہے مری زیست نظام
موت آئی جو ذرا بھول گیا!

وہ اشاروں میں اُن کا کہنا ہائے
دیکھو اپنے پرائے بیٹھے ہیں،

بزم میں اور سب سے باتیں ہوں
گویا ہم بے بلائے بیٹھے ہیں

آج منظور ان کو کیا ہے نظام
آستینیں چڑھائے بیٹھے ہیں

کبھی یہ بھی تمہیں خیال آیا
کہ کوئی راہ دیکھتا ہوگا

آپ ہی آپ ایسے روئے نظام
دل میں کچھ دھیان آگیا ہوگا

چلو بس جھوٹ نہ کھاؤ قسمیں
مجھے دیکھا مرا سر یاد آیا

وہ نیچی نیچی نگاہوں سے دیکھنا مجھ کو
وہ پیار تکیے کو کرنا لگا کے سینے سے

کہاں تک مثال میں اشعار لکھوں، اختصار کا تقاضا اجازت نہیں دیتا

۲۰

کہ غزل کے سلسلے میں دوسرے شعراء کا حال اور ان کے اشعار بھی پیش کیے جائیں۔ ہاں تو نظام نے غزل کو وہ صحیح روپ دیا جو غزل کی اصل شان ہے۔ اور لغوی اعتبار سے غزل کے معنی ہیں۔ نظام رامپور کے تھے۔ رئیس رامپور اسکول کا ایک جوان عمر و جواں دل شاعر ہے یہ الگ بات ہے کہ حالات کے دباؤ نے اسے بہت کچھ غم انگیز بنا دیا جس کے اثرات اس کی شاعری پر بھی پڑے۔ رئیس کے ایسے متاثرہ اشعار سے اس جگہ کتراتے ہوئے یہ کہوں گا کہ اس نے نظام کو سامنے رکھا، ان کی ادائی ہر وفی ڈگر پر چلتا گیا، جب ہی تو اس نے ایسے اشعار کو جنم دیا۔

یہ ہنسی، دبی دبی سی یہ نظر پھری پھری سی
نہ کسی کی آس توڑے نہ کسی کو آسرا دے

بچ بچ کے لاکھ بادِ بہاراں چلے مگر
ان کی سی وہ ادائے گریزاں کہاں سے آئے

یہ کون آ کہ مزاج و گیسوئے مشکیں بہ دوش آیا
کہ دیکھے سے زبانوں پر خدا کا نام آتا ہے

جہاں جہاں غنچے ہنس دیئے ہیں وہاں وہاں دل مچل گیا ہے
میں ایسے عالم میں رہ گیا ہوں کسی کا چپکے سے نام لے کر

نہ جانے کیا دھیان آگیا ہے نہ جانے کیا فکر کر رہے ہیں
دبا کے ہونٹ اپنا رہ گئے ہیں وہ آج میرا سلام لے کر

جن کی خاطر ہوا یہ حال رئیس
آج وہ بھی ہمیں نہ پہچانے

جن کے آگے زبان بھی ہل نہ سکے
کہنے بیٹھا ہوں دل کی بات کہاں

سرِ راہ ان سے نظر ملی تو دلوں کے نقش ابھر گئے
میں نظر اٹھا کے جھجک گیا وہ نظر جھکا کے گزر گئے

۲۱

اُنھیں اعتماد ہے آپ پر اُنھیں گیسوؤں کی ہو فکر کیا
جو بکھر گئے تو بکھر گئے جو سنور گئے تو سنور گئے

یہ بھی موقع ملا ہے مگر گاہ گاہ
کچھ گِلے کر لیے اور گلے مل گئے

چھوڑ آئے ہیں کتنے تری یادوں کے گلستاں
گذرے ہیں کبھی ہم جو بیاباں کی طرف سے

جب آپ نے دیوانہ بنایا ہے تو اب آپ
ناحق مری باتوں کا برا مان رہے ہیں!

نظر میں بے رخی لب پر تبسّم
نہ جانے دل میں کیا ٹھانے ہوئے ہیں

پھیر کر منہ سلام لیتے ہیں
احتیاطوں سے کام لیتے ہیں

سوچ سے اور بڑھتا گیا سوزِ غم
دے اٹھا دل دھواں سوچتے سوچتے

گھر میں بیٹھے رہیں تو جی گھبرائے
گھر سے نکلیں تو ہم کہاں جائیں

مری شگفتہ مزاجی پہ رشک ہے سبکو
کسے خبر ہے کہ تم ہو مری نگاہوں میں

آئینہ رو ہیں وہ لاؤ دیکھیں تو رنگ
آئینہ آئینے کو دکھانے کے بعد

اُف وہ گھبرا کے چار سو اں طرف دیکھنا
نام لکھ لکھ کے میرا مٹانے کے بعد

آج پھر ذہن پہ اک بوجھ سا ہے
سوچتا ہوں کہ میں کیا بھول گیا

روز دیکھا کہ وہ دامن ہے قریب
روز سوچا کہ خطا ہے یہ بھی

اب ہمیں یہ بھی سوچنا ہوگا
سوچتے ہی رہے تو کیا ہوگا

گم ہیں اب تک پیام بر کے حواس
کیا کہا ہوگا کیا سُنا ہوگا

رئیس کے اشعار سامنے رکھ کر اسے قدامت پرست، وقت کے تقاضوں سے دور یا تقلیدی و روایتی شاعری کا حامل کہہ لیا جائے

۲۲

مگر مجھے حالات سے اندازہ ہو رہا ہے کہ جدیدیت کی شدت کم ہوتی جا رہی ہے جدیدیت زدہ شعراء رجعت پسند ہوتے جا رہے ہیں۔
ہو سکتا ہے جلد یا بدیر غزل کے سلسلے میں جدید شعراء کا طور بھی یہی ہو جائے جو رئیس کا ہے اور آگے چل کر ایسا ہونا ہی۔ غزل کا تعلق ورابطہ دماغ سے نہیں دل سے رہا ہے اور دل ہی سے رہنا چاہیے دماغ سوزی کے لیے شعر گوئی کی دوسری اصناف کا میدان کافی وسیع ہے۔

مجھے مسرت ہے کہ مجموعہ سے متعلق اشخاص میں شہری رگھبیر سرن دواکر راہی کے بعد رئیس کی غزلوں کا مجموعہ طبع ہو رہا ہے۔ جو لوگ میرے کلام کی اشاعت کے متقاضی ہیں ان سے کہہ تو سکوں گا

"اگر پدر نہ تواند ...."

۲۷ر جون ۱۹۷۵ء

۲۳

حضرت مولانا امتیاز علیخاں عرشی

میرے نزدیک روہیل کھنڈ کی شاعری دراصل رام پور کی شاعری کا دوسرا نام ہے۔ روہیل کھنڈ میں ایک عرصے تک افغان روہیلے حکمراں رہے تھے۔ یہ لوگ سیدھے سادے مگر پر جوش جذبات رکھتے تھے، اس لیے ان کی شاعری بھی سچے اور پر جوش عاشقانہ جذبات کا مرقع ہے بس آپ کو پشتو کے دو شعروں کا ترجمہ سناتا ہوں۔ ان میں سے ایک کسی شاعر کا ہے اور دوسرا شاعرہ کا۔

شاعر کہتا ہے کہ ساتھیو! میرے مارے جانے پر میرے بدن کے ٹکڑے چوپال کے صحن میں سجا دینا خاندان کی کنواریاں انہیں دیکھ کر سینہ تان کر چلیں گی۔

شاعرہ کہتی ہے کہ میرے محبوب جا اور وطن کے دشمنوں سے لڑتا ہوا مارا جا میں اپنی زلفوں سے تیرا کفن بنوں گی۔

ان اشعار میں سادگی کے ساتھ شدتِ جذبات کا بھرپور اظہار ہوا ہے، غزلیہ شاعری بھی دراصل جذبات کی ترجمانی کا نام ہے۔ یہی ایک صنفِ سخن ایسی ہے جس میں جذبات کو سمو لینے کی حد بھر صلاحیت ہے۔ روہیل کھنڈ کے جذباتی ماحول ہی کا تقاضا تھا کہ جیسے اور جتنے اچھے غزل گو اس خطے میں رہے اُن کی مثال دوسری جگہوں پر کم نظر

۲۴

آتی ہے۔ قائمؔ و مصحفیؔ، ناظمؔ و نظامؔ، فانیؔ و جگرؔ کا کلام میرے اس خیال کی تائید کرتا ہے —— قائمؔ کہتا ہے

قائمؔ اور تجھ سے طلب بوسے کی کیوں کر مانوں
ہے وہ ناداں، مگر اتنا بھی بد آموز نہیں

مصحفیؔ کا شعر ہے۔

مصحفیؔ ہم تو یہ سمجھے تھے کہ ہوگا کوئی زخم
تیرے دل میں تو بڑا کام رفو کا نکلا!

ناظمؔ تو اس شعر میں غالبؔ سے بھی بازی لے گئے ہیں۔

اے نوا سنج انا الحق، نرا دعوا حق ہے
لیک دستور نہیں قطرے کو دریا کہنا

اور میری رائے میں تو یہ شعر بھی غالبؔ سے بڑھ گیا ہے۔

لاکھ جانیں ہوں تو قرباں ہیں اس رونے پر
آپ آنسو نہ بہائیں مرا حال اچھا ہے

نیز شاید ہی کوئی خوش ذوق ایسا ہو جسے نظامؔ کا یہ شعر یاد نہ ہو۔

انگڑائی بھی وہ لینے نہ پائے اٹھا کے ہاتھ
دیکھا جو مجھ کو چھوڑ دیئے مسکرا کے ہاتھ

فانیؔ کا یہ شعر بھی جذبات کی کیسی سچی ترجمانی ہے۔

آنسو تھے سو خشک ہوئے جی ہے کہ امڈا آتا ہے
دل پہ گھٹا سی چھائی ہے کھلتی ہے نہ برستی ہے

کوئی تو بات ہے جو جگرؔ کا یہ شعر مجھے برسوں سے یاد ہے۔

۲۵

اللہ اللہ یہ عرفانِ جنوں کی تاثیر
آج جس خار سے کہہ دوں وہ گلستاں ہو جائے

رامپوری شعراء کے یہ شعر بھی حسنِ بیان اور لطف کے لحاظ سے خاصے کی چیز ہیں۔

روحِ پروانۂ ناشاد کی رخصت ہے یہ
کچھ دھواں سا نظر آیا لبِ گلگیر کے ساتھ
وفاؔ

بہار و برق کی بیداد کہہ نہیں سکتا
دلہن بنا کے جلایا ہے آشیانے کو
رازؔ یزدانی

اٹھے وہ بزم سے اتنا تو فکر نے دیکھا
پھر اس کے بعد چراغوں میں روشنی نہ رہی
فکرؔ یزدانی

ہمیں سونپی گئی ہے خدمتِ بخیہ گری لیکن
یہ کارِ آگہی ہم ایسے دیوانوں سے کیا ہوگا
شکیبؔ

رئیسؔ رامپوری صاحب نے بھی اسی ماحول میں آنکھ کھولی ہے اور انھیں اساتذہ کے کلام سے شعر کہنے کا اندازہ اور سلیقہ سیکھا ہے وہ رامپور کے نوجوان شاعروں میں نمایاں ہیں اور اپنے جذبات کو اسی طرح سادہ اور سچے انداز میں بیان کرنے کی کوشش کرتے ہیں جو ایک پٹھان شاعر کا خاصہ ہونا چاہیئے۔

۲۶

زیر نظر مجموعہ کلام میں نے دلچسپی سے پڑھا اور اس کے بہت سے اشعار مجھے پسند آئے۔ مجھے یقین ہے کہ دیگر اہلِ ذوق بھی حسبِ مذاق اس مجموعے سے لطف لیں گے۔

البتہ اس میں مجھے ان کی وہ غزل نما نظم بعنوانِ رامپور نظر نہیں آئی جو میں بزبان شاعر ایک بار سن چکا ہوں اور اس بارے میں میرا تاثر یہ ہے کہ اگر میں بھی کہتا تو یہی کہتا۔ اچھا ہوتا کہ اسے بھی مجموعے میں شریک کر لیا جاتا۔

اس موقع پر جی چاہتا ہے کہ وہ اپنی سعی و جستجو کو جاری رکھیں اور جس منزل پر پہونچے ہیں اُسے نشانِ منزل سے زیادہ اہمیت نہ دیں۔ دعا ہے کہ یہ مجموعہ قبول عام کی سند پائے۔

۱۷ر جولائی ۱۹۷۵ء

۲۷

احوالِ واقعی

مجھے اپنے شاعر ہونے پر ناز نہیں۔ اس لیے بھی کہ میں مطالعہ اور علم کے سلسلے میں تہی دامن ہوں اور اس ذیل میں فنی طور پر بھی قریب قریب نابلد۔ بس اپنی بساط بھر جو کہہ سکا ہوں، بہ الفاظ دیگر جذبات و احساسات نے مجھ سے جو کچھ کہلوایا ہے، وہ صاحب دل حضرات کی نذر ہے۔ بقول ساحر لدھیانوی ؂

دنیا نے تجربات و حوادث کی شکل میں
جو کچھ مجھے دیا ہے وہ لوٹا رہا ہوں میں

میرے ساتھ ہوا کچھ یوں ہے کہ مجھ میں شعور نہیں تھا تو ہر طرح کی آسائش اور سہولتیں مہیا تھیں اور جب کچھ شعور آیا اور مطالعے اور علم کی ضرورت و اہمیت کا احساس ہوا تو حالات مانع آ گئے اور ایسے کہ بس میں چاہتا تو یہ تھا کہ اپنے ابو صاحب حضرت لطیفؔ رامپوری (مرحوم) کا نعتیہ کلام اور اپنے والد مرحوم و مغفور ظریف الملک حضرت بیتابؔ رامپوری کی تخلیقات کتابی شکل میں منظر عام پر لاؤں اس کے بعد اگر موقع ملے تو اپنا کلام بھی اپنے ہی خرچ سے شائع کراؤں۔ مگر بعض وجوہ کی بنا پر یہ ممکن نہ ہو سکا اور جو کام آخر میں ہونا تھا وہ پہلے ہو رہا ہے۔

یہاں اس اظہار کو بھی جی چاہ رہا ہے کہ مجھے اپنے وطن مصطفٰے آباد عرف رامپور سے عشق ہے اور اپنے رامپوری ہونے پر فخر ہے۔ اس لیے میں نے اپنے تخلص رئیسؔ کے ساتھ بھی رامپوری کے علاوہ اور کوئی لفظ نہیں لگایا تاکہ جہاں میرا نام آئے وہاں میرے وطن عزیز کا نام بھی آئے۔ میں رامپور سے باہر بھی ملک میں جہاں کہیں اپنے اس دبستاں کی نمائندگی کے طور پر گیا ہوں اپنے وطن کی روایات اور عظمت کا حتی الوسع لحاظ رکھا ہے۔

میں ایک شاعر کی حیثیت سے ملک میں جس حد تک بھی روشناس ہو سکا ہوں وہ سب میرے استادِ محترم حضرت محشرؔ عنایتی رامپوری کا فیضان ہے مجھے ان کا شاگرد ہونے پر ناز ہے۔

آخر میں جناب پروفیسر ذکا صاحب صدیقی کا تہہ دل سے ممنون ہوں کہ انھوں نے اپنا قیمتی وقت صرف کر کے بڑی دیدہ ریزی سے میرے کلام کا انتخاب فرمایا اور مجموعہ کی ترتیب میں میری رہنمائی بھی کی۔

فقط احقر رئیسؔ رامپوری (۲۵ر جولائی ۱۹۷۵ء)

نوٹ:۔ مجموعہ ترتیب پا چکا تھا مضامین لکھے جا چکے تھے کہ کچھ قطعات اور چند نظمیں شامل کرنیکو بے ساختہ دل چاہا چنانچہ انھیں شامل کر دیا ہے

رئیسؔ رامپوری

۸ر نومبر ۱۹۷۵ء

۲۹

بسم اللہ الرحمٰن الرحیم

نعتِ مبارکؐ

درود پڑھیے درود پڑھیے وہ بہرِ اصلاحِ عام آیا
پڑھی فرشتوں نے نعت جس کی خُدا کا جسکو سلام آیا

وہ رحمتِ حق وہ نورِ خالق، بہ شکلِ انساں بہ نامِ احمدؐ
گناہ گاروں کے کام آیا، سیاہ بختوں کے کام آیا

میں اس کی آنکھیں ہی دیکھ لیتا میں ہاتھ ہی اسکے چوم لیتا
جو ان کے روضے کو دیکھ آیا، جو ان کی جالی کو تھام آیا

یہ چپکے چپکے مری محبت مری عقیدت پر ہنسنے والو
تم اپنے ہونٹ آپ چوم لوگے زباں پہ جب دم وہ نام آیا

یہ آرزو ہے کہ میرے آقا رئیسؔ اک دن مدینے پہنچے
حضور فرمائیں کون آیا، کہے وہ ہندی غلام آیا

۳۰

نعتِ مبارک

تصورِ زلفِ پاک و روئے انور کا اگر آئے
گلے ملنے کو میری شامِ فرقت سے سحر آئے

گریباں کی ہر اک دھجی تبرک کر کے چھوڑوں گا
ذرا اے ہم سفیرو! مجھ کو وہ روضہ نظر آئے

بہاروں کو بجا ہے ناز پھولوں کے تبسم پر
مگر وہ لب جو اس روضے کی جالی چوم کر آئے

یکایک کیوں یہ آخر بحرِ رحمت جوش میں آیا
قیامت میں یہ کس کے امتی با چشمِ تر آئے

رئیس امید ہے محشر میں رضواں خود صدا دیگا
رسولِ پاک کی امت میں جو بھی ہو ادھر آئے

۳۱

ہر غم نے، ہر ستم نے نیا "حوصلا" دیا
میرے مٹانے والوں نے مجھ کو بنا دیا

کچھ واقعات نے مجھے بخشا شعورِ غم
کچھ حادثات نے مجھے جینا سکھا دیا

۳۲

○

نیازِ عشق سے نازِ بتاں تک بات جا پہنچی
زمیں کا تذکرہ تھا آسماں تک بات جا پہنچی

محبت میں کہیں اک راز داں تک بات جا پہنچی
بس اب کیا تھا زمانے کی زباں تک بات جا پہنچی

زمانہ تاڑ لے گا، میں نہ کہتا تھا، یہ اب سمجھے
مجھے دیوانہ کہنے سے کہاں تک بات جا پہنچی

نظامِ میکدہ پر تبصرے اور ہوش والوں میں
یہیں سے عظمتِ پیرِ مغاں تک بات جا پہنچی

یہاں عزمِ محبت کب تھا، لیکن کیا علاج اس کا
انہیں دیکھا کہ قلبِ ناتواں تک بات جا پہنچی

۳۲

سُنا یہ تھا کہ چشمک بجلیوں کو ہے بہاروں سے
ہوا یہ ہے کہ میرے آشیاں تک بات جا پہنچی

رہِ منزل میں اے رہ رہ کے ہمت ہارنے والے
خبر بھی ہے کہ میرِ کارواں تک بات جا پہنچی

○

تو پلٹ کے دیکھ! اسے میں بتاؤں اگلے بتا دے
تری زندگی فسانے، مری زندگی ارادے

اُسے کیف بخشیں ساقیا! اسے بے خبر بنا دے
کہیں جام سے پلا دے، کہیں آنکھ سے پلا دے

جو چمن میں رہ سکوں گا تو انھیں بھی بھینٹ دوں گا
مرے راستے میں کانٹے کوئی شوق سے بچھا دے

یہ ہنسی دبی دبی سی یہ لطف بھری بھری سی (ہا)
نہ کسی کی آس توڑے نہ کسی کو آسرا دے

وہ چمن کو چھوڑ جائے جو خوشی کے گیت گائے
کہ چمن پہ بار ہوگی وہ کلی جو مسکرا دے

یہ نئے نئے سے رہبر اگر آئے ذکر ان کا
تو مورخِ تباہی انھیں عمر بھر دعا دے

۳۵

زہے نصیب کہ منزل ہے بے نشاں اب تک
لئے ہوئے ہے مجھے گردِ کارواں اب تک

بہار آئی تو اس کی بہار کیا ہوگی
رہا ہے وقفِ حوادث جو گلستاں اب تک

نئے نئے سے جو رہبر نہ آسرا دیتے
کہاں پہنچتا خدا جانے کارواں اب تک

جنونِ عشق زیادہ دنوں کی بات نہیں
بٹی ہیں جیب و گریباں کی دھجیاں اب تک

قفس نصیب ذرا دیکھنا چمن کی طرف
وہ دے رہا ہے دھواں کس کا آشیاں اب تک

میں چھوڑ دوں گا نشیمن، مگر لحاظ رہے
کہ میں نے خون سے سینچا ہے گلستاں اب تک

۳۶

آرائشِ بہار کا ساماں کہاں سے آئے
یعنی جنوں میں ردز گریباں کہاں سے آئے

انساں ملے تو دولتِ کونین بھی نثار
لیکن سوال یہ ہے کہ انساں کہاں سے آئے

جوشِ جنوں بخیر، اب اس غم سے چھٹ گئے
دامن کہاں سے آئے، گریباں کہاں سے آئے

بچ بچ کے لاکھ بادِ بہاراں چلے مگر
ان کی سی وہ ادائے گریزاں کہاں سے آئے

اتنا بھی کوئی پوچھنے والا نہیں رئیسؔ
حیراں کہاں سے آئے، پریشاں کہاں سے آئے

۳۷

اک پرستارِ چمن یوں بھی بہاروں میں رہا
آنکھ پھولوں پر رہی اور ہاتھ خاروں میں رہا

ہائے وہ آغازِ الفت کے نشاط افزا پیام
دونوں جانب سلسلہ حسن کا اشاروں میں رہا

ہم پہ اک دنیا، تو اک دنیا پہ ہم ہنستے رہے
کون دیوانوں میں رہ کر ہوشیاروں میں رہا

میں نے توبہ کر کے مے چھوڑی تو اُن آنکھوں سے پی
اور مری توبہ کا ماتم بادہ خواروں میں رہا

وہ قسم کھا کر مکر بیٹھیں تو وہ بااعتبار
میں یقیں لایا تو میں بے اعتباروں میں رہا

اہلِ ساحل کو یونہی ساحل پہ ہنستا چھوڑ کر
زندگی اُس کے قدم چومے جو دھاروں میں رہا

۳۸

وہ ہنس دیتے ہیں جب محفل میں، میرا نام آتا ہے
خدا کی دین ہے دیوانہ پن یوں کام آتا ہے

غمِ دورِ مے و ساغر سے بالا ہے مری رندی
جو اٹھ جاتی ہیں وہ نظریں تو مجھ تک جام آتا ہے

کسی کی ہر ادائے سرد مہری کو خدا رکھے
نہ ہنسنا کام آتا ہے نہ رونا کام آتا ہے !

یہ کون آہو مزاج و گیسوئے مشکیں بدوش آیا
کہ دیکھے سے زبانوں پر خدا کا نام آتا ہے

بہارِ نو بھی آئے، لیکن اب کے دیکھنا یہ ہے
گریباں کام آتا ہے کہ داماں کام آتا ہے

یہ دیکھیں خندۂ گل کا تماشہ دیکھنے والے
ہنسی کی آڑ لے کر موت کا پیغام آتا ہے

۳۹

بہارِ لالہ و گل پر مجھے حق ہو نہ ہو لیکن
چمن کے رہنے والوں میں تو میرا نام آتا ہے

رئیسؔ اس نے تو کچھ ایسا بھلایا ہے کہ کیا کہیے
مگر اس کا تصور ہے کہ صبح و شام آتا ہے

۴۰

جب سے دل میں ترے بخشے ہوئے غم ٹھہرے ہیں
محترم اور بھی اپنے لیے ہم ٹھہرے ہیں

دیکھتا یہ ہوں کہ شاید ترا کوچہ ترا در
سوچتا یہ ہوں، کہاں آ کے قدم ٹھہرے ہیں

میں تصور سے کبھی جن کے لرز اُٹھتا تھا
وہی حالات محبت کا بھرم ٹھہرے ہیں

ہم تری راہ میں اُٹھے ہیں بڑے عزم کے ساتھ
گردشِ دہر بھی ٹھہری ہے جو ہم ٹھہرے ہیں

غم، کہ ہر دور میں ٹھہرائے گئے حاصلِ زیست
اور اس دور میں ہم صاحبِ غم ٹھہرے ہیں

شوقِ آوارگی و ذوقِ طلب کے قرباں
اُٹھ گئے ہیں تو کہاں اپنے قدم ٹھہرے ہیں

۴۱

معرفت ہی سہی میخانہ دے کے معنی
کہ یہاں آج سفیرانِ حرم ٹھہرے ہیں

صرف آنکھوں ہی میں کم رک نہ سکے میری رئیسؔ
میرے آنسو کسی دامن پہ ابھی کم ٹھہرے ہیں

۴۲

○

کل تک یہ پھول روحِ رواں تھے بہار کے
تم نے ابھی ابھی جنھیں پھینکا اُتار کے

دیکھا تو ذرّے ذرّے میں جلوے ہیں یار کے
پچھتا رہا ہوں دیر و حرم میں گزار کے

اس کا غم نہیں کہ نشیمن اُجڑ گیا
اس کا قلق رہے گا کہ دن تھے بہار کے

غم سے کبھی گریز، کبھی ساز باز ہے
حالات کیا بتاؤں دلِ بے قرار کے

آئے ہیں مدتوں میں جو دم بھر کے واسطے
حالات پوچھتے ہیں شبِ انتظار کے

قربان جاؤں حسنِ تصور کے اے رئیس
پیشِ نظر خزاں میں ہیں خاکے بہار کے

اک حقیقت ہزار افسانے
فرق کیا ہے زمانہ کیا جانے

ایسے چونک اُٹھے میری آہٹ پر
جیسے کچھ کہنے کو ہوں ویرانے

خاک ہو کر دیا ہے درسِ حیات
کم نہیں سوچنے کو پروانے

آج یہ دن ہے ان کی محفل میں
ایسے بیٹھے ہیں جیسے بیگانے

جب نگاہیں اُٹھی ہیں ساقی کی
خود چھلکنے لگے ہیں پیمانے

غم کو اصل حیات کہتے ہیں
غم سے گھبرا رہا ہے دیوانے

۴۴

یوں ہی مٹتے رہے ہیں صاحبِ دل
اور بنتے رہے ہیں افسانے

اب وہاں ہوں کہ یہ بھی ہوش نہیں
کون اپنے ہیں کون بیگانے

جن کی خاطر ہوا یہ حال رئیسؔ
آج وہ بھی ہمیں نہ پہچانے

۴۵

ملا ہے آپ کا غم کائنات کے بدلے
خوشی نہ ملے گی تو شاید حیات کے بدلے

وہ روشنی ہے کہ کچھ بھی نظر نہیں آتا
یہ کیسی صبح ملی ہم کو رات کے بدلے

اسیرِ دامِ محبت کو جب ملا موقع
دعائے قید ہی مانگی نجات کے بدلے

انھوں نے جو بھی کہا سادگی کے ساتھ کہا
ہمارے ذہن نے رُخ بات بات کے بدلے

اک امتیاز تو ہے بے مروتی میں تری
مجھے قبول ترے التفات کے بدلے

مگر یہ بات ہے جب کی کہ عزم راسخ تھا
ہمارے عزم نے رخ حادثات کے بدلے

○

غم کیا ہے جو وہ لطف و کرم بھول گئے ہیں
ہم بھی گلۂ جور و ستم بھول گئے ہیں

اب ان سے تغافل کی شکایت کا کسے ہوش
وہ بھول کے آ نکلے ہیں، ہم بھول گئے ہیں

پُر پیچ تھیں کچھ ایسی تو نہ تھیں زیست کی راہیں
چل کر جنھیں ہم چند قدم بھول گئے ہیں

یہ بھی ہے کہ احسانِ کرم کون اُٹھاتا
خوش ہوں کہ مجھے اہلِ کرم بھول گئے ہیں

یہ کون سی منزل ہے محبت کی الٰہی!
غم یاد رہیں اور باعثِ غم بھول گئے ہیں

کچھ مصلحتِ عشق بھی ملحوظ رہی ہے
کچھ باتوں کو دانستہ بھی ہم بھول گئے ہیں

۴۷

کچھ اس ادا سے غمِ زندگی کے ساتھ چلے
کہ جیسے کوئی کسی اجنبی کے ساتھ چلے

قدم قدم غمِ کون و مکاں بھلائے ہوئے
جو میرے ساتھ چلے، وہ خوشی کے ساتھ چلے

خرد کو راہ روی کا شعور آ جائے
ذرا سی دور وہ دیوانگی کے ساتھ چلے

جو ہم سفر ہی نہیں کوئی تو اپنا سایہ ہے
یہ آسرا تو ہے، جیسے کسی کے ساتھ چلے

سرورِ کیف کی راہیں بہت ہی نازک ہیں
انھیں کا ذکر ذرا مے کشی کے ساتھ چلے

۴۸

رہِ حیات میں وہ تجربے ہوئے ہیں کہ بس
ہر ایک سوچ سمجھ کر کسی کے ساتھ چلے

خیال اپنا تو ہے کہ داستانِ حیات
رئیسؔ کچھ بھی ہو زندہ دلی کے ساتھ چلے

۴۹

ہر مشورۂ راہنما مان رہے ہیں
ہم راہنما کو ابھی پہچان رہے ہیں

اب تجھ میں یہ انداز، یہ ترکیب یہ باتیں
دُنیا! کبھی تجھ میں بھی تو انسان رہے ہیں

یاد آتی ہیں آغازِ محبت کی وہ باتیں
کیا کیا دلِ خوش فہم میں ارمان رہے ہیں

جب آپ لئے دیوانہ بنا ہے تو اب آپ
ناحق مری باتوں کا بُرا مان رہے ہیں

یہ بات قرینے کی نہیں اے غمِ دوراں
کچھ لوگ تو اب تک مجھے پہچان رہے ہیں

۵۰

کیا کیا نہ سامنے سے زمانے گذر گئے
اک غم تھا جس نے ساتھ نہ چھوڑا جدھر گئے

بے تاب دل کے سامنے اذر مصلحت کی بات
چاہا، نہ جائیں بزم میں ان کی، مگر گئے

سنتے ہیں دن شباب کے جانِ حیات ہیں
لیکن وہ صبح و شام جو رو کر گذر گئے

کیا کیا مزے اٹھائے ہیں ضبطِ ملال میں
دل خون ہو گیا ہے جو آنسو ٹھہر گئے

۵۱

ڈرتا ہوں میں کہ ضبط کا دامن نہ چھوٹ جائے
بندہ نواز آپ تو حد سے گذر گئے!

کچھ کم نہیں یہ عظمتِ آوارگانِ عشق
دنیا نے انگلیاں تو اٹھائیں جدھر گئے

دیکھا رئیسؔ تو نے زمانے کا یہ طریق
اپنے بھی آج آنکھ بچا کر گذر گئے

۵۲

○

کیا کیا نہ سامنے سے زمانے گذر گئے
اک غم تھا جس نے ساتھ نہ چھوڑا جدھر گئے

بے تاب دل کے سامنے اور مصلحت کی بات
چاہا نہ جائیں بزم میں ان کی، مگر گئے

سنتے ہیں دن شباب کے جانِ حیات ہیں
لیکن وہ صبح و شام جو رو کر گذر گئے

کیا کیا مزے اٹھائے ہیں ضبط ملال میں
دل خون ہو گیا ہے جو آنسو ٹھہر گئے!

۵۳

○

شعارِ ضبط کرو اختیار کہتے ہیں
عجیب بات مرے غم گسار کہتے ہیں

قدم قدم اثر انداز ہے ترے غم پر
وہ غم، کہ جس کو غمِ روزگار کہتے ہیں

شکایتوں کے نہیں، وہ دعا کے قابل ہیں
جنھیں رفیق، جنھیں غم گسار کہتے ہیں

فریبِ وعدہ پہ اظہارِ احترام کرو
اسے یقین، اسے اعتبار کہتے ہیں

ثباتِ گل کا چھڑا تذکرہ تو بات کھلی
چمن میں حسنِ نظر کو بہار کہتے ہیں

رئیسؔ گردشِ دوراں سے کہئے رک جائے
ہم آج حالِ دلِ بے قرار کہتے ہیں

۵۴

سرور مخصوص ہی بہت ہے، نہ ہوگا خوش کیفِ عام لے کر
جو پی رہا ہو تری نگاہوں سے کیا کرے گا وہ جام لیکر

وہ چاند سے رُخ پہ پھر کسی کے سیاہ زلفیں بکھر گئی ہیں
وہ نور پھیلا، وہ ابر چھایا، وہ صبح پھر آئی شام لے کر

کسی کی آمد نے گلستاں کی فضا پہ جادو سا کر دیا ہے
نسیم بھی آج چل رہی ہے کسی سے اذنِ خرام لے کر

جہاں جہاں غنچے ہنس دیئے ہیں وہاں وہاں دل مچل گیا ہے
میں ایسے عالم میں رہ گیا ہوں کسی کا چپکے سے نام لے کر

تمہاری فرقت میں سوزِ غم سے کئے ہیں داغ جگر فروزاں
یقین ہے اب تم کو ڈھونڈ لوں گا، میں ان چراغوں سے کام لیکر

نہ جانے کیا دھیان آگیا ہے، نہ جانے کیا فکر کر رہے ہیں
دبا کے ہونٹ اپنا، رہ گئے ہیں، وہ آج میرا سلام لے کر

۵۵

○

چمن کو اپنے ساتھ جیسے رنگ و بو لئے پھرے
ہمیں بھی یونہی کاش کوئی خوبرو لئے پھرے

کوئی حسیں بصد ادا جھلک دکھا کے چھپ گیا
اور اس کے بعد ہم کہ شوقِ جستجو لئے پھرے

عجب سرور و کیف میں رہِ حیات کٹ گئی
ہم اپنے دل میں ایک ایسی آرزو لئے پھرے

ہر اک کے درد کا اثر قبول کر لیا تو ہم
ہر اک کی حسرتوں کا آنکھ میں لہو لئے پھرے

۵۶

سکوں میں تھک کے بیٹھنا ہے کسرِ شانِ زندگی
جنوں کی خیر مانگئے جو کُو بہ کُو لیے پھرے

ہر ایک دورِ سخت سے گزر چکے ہیں ہم مگر
تمہارے دور میں خیالِ آبرو لئے پھرے

عجیب زیست بخشدی، عجیب دل عطا کیا
رئیسؔ عمر بھر جہانِ آرزو لئے پھرے

۵۷

یادِ ماضی کو ملے تنہائیوں کے سلسلے
ذہن و دل تک آ گئے پرچھائیوں کے سلسلے

خوب گذری ہے دلِ ناداں کے باعث آج تک
ہر قدم ملتے گئے رسوائیوں کے سلسلے

پہلے پہلے ہر نظر میں آرزوئے بندگی
رفتہ رفتہ پھر جبیں فرسائیوں کے سلسلے

جانے کس کس وقت کی چوٹیں ابھرتی جائیں گی
اک ذرا قائم رہیں پروائیوں کے سلسلے

ہوں نگاہوں میں ترے جلوے تو خود مل جائینگے
آسماں سے تا زمیں رعنائیوں کے سلسلے

آج قبل از وقت جو وہ جاگ اُٹھے ہیں رئیسؔ
کتنے دل آویز ہیں انگڑائیوں کے سلسلے

۵۸

ہم اہلِ دل کا سمجھیے قرار باقی ہے
کہیں کوئی جو محبت شعار باقی ہے

کھلی ہی رہ گئیں بیمارِ ہجر کی آنکھیں
حیات بیت گئی، انتظار باقی ہے

تباہیوں کے صلے میں سکونِ دل کے لیے
تصورِ نگہہِ شرمسار باقی ہے!

لہو کے پھول کھلے ہیں روش روش دیکھو
مرے چمن میں ابھی تک بہار باقی ہے

اگر ادھر سے کوئی کارواں نہیں گزرا
تو پھر یہ راہ میں کیسا غبار باقی ہے

صلیب و دار اسی کی تو سرخیاں ہیں رئیسؔ
وہ داستاں جو سرِ کوئے یار باقی ہے

۵۹

فرصتِ غمِ حیات بھی دے، وقت بھی تو ہو
تم آپ اپنی زلفِ پریشاں سنوار لو

بس چل سکے تمہارا تو قسمت کی گردشو
مجھ سے مرا یہ جھوٹا تبسم بھی چھین لو!

تم جانِ زندگی ہو، یہ رکھتے ہوئے لحاظ
تا زیست تم کو دل ہی میں رہنا ہے حسرتو

ہے ان کو دشمنوں سے چھپانے کی فکر بھی
تم نے سلوک مجھ سے کئے ہیں جو دوستو

۶۰

احساس کے لیے ہو، بیاں کے لیے نہیں
کیا شئے ہو تم بھی، زخمِ جگر کی لطافتو

تبدیلیوں کی زد میں ہے تحریر ہر ورق
سادہ ہو تم، پہ تم سے ہی خطرہ ہے حاشیو

شائستگانِ راہِ وفا ہیں، وہی رئیسؔ
جو سوچ کر چلے ہیں کہ انجام جو بھی ہو

۶۱

O

ان کو پا لینے کے ارماں پہ ہنسی آتی ہے
مجھ کو اپنے دلِ ناداں پہ ہنسی آتی ہے

ہو گیا اہلِ جنوں کا بھی نمائش مقصود
اب تو ہر چاکِ گریباں پہ ہنسی آتی ہے

بے ثباتیِ زمانہ کا خیال آتے ہی
زندگی کے سر و ساماں پہ ہنسی آتی ہے

یاد آجاتے ہیں کتنے ہی نشیمن ہم کو
آج بھی جشنِ بہاراں پہ ہنسی آتی ہے

۶۲

صرف مجھ سے ہی الجھتی ہے یہ آوارۂ دہر
مجھ کو اس گردشِ دوراں پہ ہنسی آتی ہے

میں گلستاں سے پلٹتا ہوں تو کیوں لوگوں کو
ارتباطِ گل و داماں پہ ہنسی آتی ہے

تھی کوئی بات تو گذرے ہوئے انساں تھے رئیسؔ
ورنہ کیوں آج کے انساں پہ ہنسی آتی ہے

۶۳

اب یہ ہے مری وسعتِ افکار کا عالم
ہر وقت نگاہوں میں رخِ یار کا عالم

اللہ رے گیسو و قدِ یار کا عالم!
پھر جائے نظر میں رسن و دار کا عالم

ہو تاج محل رات کی آغوش میں جیسے
وہ رُخ پہ ترے گیسوئے خمدار کا عالم

آغازِ جنوں کہہ لو کہ معراجِ محبت
کچھ اور ہے گھر کے در و دیوار کا عالم

دُنیا غمِ دوراں کی شکایت ہی نہ کرتی
دیکھا ہی نہیں ہے ترے بیمار کا عالم

اظہارِ تمنا پہ وہ ماتھے پہ پسینہ
انکار کہوں یا اسے اقرار کا عالم

۶۴

O

شکوہ تو مقدر سے ہے مگر، کہہ جاتے ہیں ہم جاتے جاتے
ان سے تو بس اتنا کہہ دینا، کی دیر بہت آتے آتے

ماضی کی حسیں یادوں کو لئے پھر گیت لبوں تک آئے تھے
کچھ آنسو بن کر بہہ نکلے، کچھ بھول گئے گاتے گاتے

کوشش ہے کہ ضبط نہ رسوا ہو، آنکھیں ہیں کہ جیسے اب برسیں
کس منزل تک لے آئی ہے یہ غم کی گھٹا چھاتے چھاتے

یہ مجھ کو سمجھانے والے، ان کو کوئی اتنا سمجھا دے
غم کم ہو گا ہوتے ہوتے آئے گا قرار آتے آتے

بہتر ہے رئیسؔ اس دنیا میں بے نام و نشاں ہو کر رہنا
تھک جاؤ گے ورنہ بغض و حسد کی دیواریں ڈھاتے ڈھاتے

۶۵

○

کون کہتا ہے کہ پی کر دور ہو جاتے ہیں غم
اور یاد آتی ہیں باتیں اور تڑپاتے ہیں غم

مسکرا کر اپنی خودداری کی رکھ لیتا ہوں لاج
مسکراہٹ کے حسیں پردے میں چھپ جاتے ہیں غم

احتیاط و ضبط بن جاتا ہے جب دل کا مزاج
ایسے دل کا چپکے چپکے کام کر جاتے ہیں غم

یوں بھی اخلاقاً انھیں دل میں جگہ دیتا ہوں میں
مجھ کو اپنا ہی سمجھتے ہیں تو مل جاتے ہیں غم

تشنہ کامانِ محبت کے فسانے ہی سناؤ
اس طرح اے ہمدمو آنکھوں سے بہہ جاتے ہیں غم

۶۶

ہوں تو غم قسمت، مگر پایا ہے وہ رنگیں مزاج
مجھ سے بعض اوقات کترا کر گذر جاتے ہیں غم

شعر کہہ لیتا ہوں ان کے فیض سے میں بھی رئیسؔ
خیر سے اتنا کرم مجھ پر بھی فرماتے ہیں غم

۶۷

○

کیا سبھی شکوۂ بیداد گری کرتے ہیں
آپ کیوں اپنی جفاؤں میں کمی کرتے ہیں

بعض اوقات نصیحت کا سہارا لے کر
بعض احباب بڑی دل شکنی کرتے ہیں

جامِ مے چھین لیا کرتے ہیں ہم اے ساقی
پست ہمت گلۂ تشنہ لبی کرتے ہیں

ہم نے کی ان سے محبت تو کوئی جرم نہیں
زندگی کے لیے اپنی سبھی کرتے ہیں

لاکھ ہم کش مکشِ غم سے نہ گھبرائیں رئیس
بعض حالات جو ہمت شکنی کرتے ہیں

۶۸

○

اس طرح کچھ اپنے کو بنائے ہوئے ہیں ہم ہیں
دنیا یہ سمجھتی ہے کہ بیگانۂ غم ہیں

احساسِ پریشانیٔ خاطر جو ہوا ہے
اب کتنے پشیماں مرے اربابِ کرم ہیں

ملتے ہیں بہت غم کے تو مارے ہوئے لیکن
اس دور میں احساس کے مارے ہوئے کم ہیں

روشن ہیں چراغوں کی طرح راہِ وفا میں
دنیا کے لیے ایسے بھی کچھ نقشِ قدم ہیں

۶۹

فطرت سے کسی کی کوئی آگاہ نہ ہو جائے
میرے لیے مخصوص کچھ اندازِ ستم ہیں

منزل تو کجا، یہ بھی ابھی طے نہیں پایا
بہکا ہوا رہبر ہے کہ بھٹکے ہوئے ہم ہیں

رکھتے گا رئیسؔ اب سے قدم سوچ سمجھ کر
زلفوں کے نہیں ہیں، یہ رہِ زیست کے خم ہیں

۷۰

○

کم میسر ہو جو، ہوتی ہے اسی کی قیمت
کثرتِ غم نے بڑھائی ہے خوشی کی قیمت

پیرویِ دلِ ناداں کا سلیقہ ہے جنہیں
ان سے پوچھے کوئی بے راہ روی کی قیمت

تم نے ہنستے مجھے دیکھا ہے، تمہیں کیا معلوم
کرنی پڑتی ہے ادا کتنی ہنسی کی قیمت

احترام اپنا ہی خود جس کی نگاہوں میں نہ ہو
کیا بھلا اس کی نگاہوں میں کسی کی قیمت

تجھ سے دھوکا تو ہوا دل کو، مگر موجِ سراب
مل گئی مجھ کو مری تشنہ لبی کی قیمت

میرے سینے میں چھپے زخم بتائیں گے رئیسؔ
میں نے جو کی ہے ادا زندہ دلی کی قیمت

۷۱

بھٹکتے پھرتے سدا بے حسی کی راہوں میں
ہیں خوش نصیب جو غم ہیں مری پناہوں میں

برا نہ مان مری جرأتِ نگاہ کا دوست
میں خود کو ڈھونڈ رہا ہوں تری نگاہوں میں

ہوا کہیں بھی گوارا نہ زندگی کو قیام
ملے بہت شجرِ سایہ دار راہوں میں

مری شگفتہ مزاجی پہ رشک ہے سب کو
کسے خبر ہے کہ تم ہو مری نگاہوں میں

۷۲

زہے وہ عشق جسے مل سکا ہو قدر شناس
خوشا وہ حسن جو ہو عشق کی پناہوں میں

نقابیں چہروں سے اٹھنے لگیں تو سمجھے ہیں
نہیں ہمارے سوا کوئی بے گناہوں میں

کبھی ہمیں بھی تعلق تھا آئینے سے رئیسؔ
کبھی تھے ہم بھی کسی شوخ کی نگاہوں میں

۷۳

کس کی طلب ہو کعبۂ ایماں کو چھوڑ کر
کوئی مثال دورِ رخِ جاناں کو چھوڑ کر

انفاس کا طلسم نہ آواز کا حصار
آئے ہیں جب سے کوچۂ جاناں کو چھوڑ کر

یہ کیا خبر تھی اور بڑھے گا کچھ اضطراب
اُس دشمنِ سکونِ دل و جاں کو چھوڑ کر

ساقی پلائے جا کہ درِ میکدہ پہ آج
آئے ہیں ہم بھی گردشِ دوراں کو چھوڑ کر

کیا ہو جواب اس کی مشیت کا اے رئیسؔ
ہم کس کے بس کی بات تھی انساں کو چھوڑ کر

۷۴

کیا ابھی کہیئے گا مجھ کو اپنا سودائی کہ بس
اور کچھ مدِ نظر ہے اپنی رسوائی کہ بس

چودھویں کا چاند، پھولوں کی مہک ٹھنڈی ہوا
رات اس کافر کی ادا کی ایسی یاد آئی کہ بس

ہم کو تو منظور ہے ہی اپنی تسکینِ نظر
ہے مگر ان کو بھی وہ شوقِ خود آرائی کہ بس

جب مجھے دیکھا انھیں شرم آگئی گھبرا گئے
وہ ہوئی ہے خیر سے دونوں کی رسوائی کہ بس

اب بھی کوہِ طور پر گویا ہے زبان حال سے
ہے کوئی اور اس کے جلوے کا تمنائی کہ بس

۷۵

چاک کرنے ہی کو تھا، میں دامنِ ہوش و خرد
جانے کس کی میرے کانوں میں صدا آئی کہ بس

آج وحشت سے مری گھبرا گئے وہ بھی رئیسؔ
آج تو خود پہ مجھے اتنی ہنسی آئی کہ بس

x

۷۶

شاید آجائے گا ساقی کو ترس اب کے برس
مل نہ پایا ہے اُن آنکھوں کا بھی رس اب کے برس

ایسی چھائیں تھیں کہاں غم کی گھٹائیں پہلے
ہاں مرے دیدۂ تر خوب برس اب کے برس

اُف وہ اُن مدھ بھری آنکھوں کے چھلکتے ہوئے جام
بڑھ گئی اور بھی پینے کی ہوس اب کے برس

پہلے یہ کب تھا کہ وہ میرے ہیں میں اُن کا ہوں
ان کی یادوں نے ستایا ہے تو بس اب کے برس

۷۷

زندگی غم سے چلا پاتی ہے، بیر طے پا کر
حاصلِ زیست ہے ایک ایک نفس اب کے برس

وہ تو کچھ رنگ پہ موسم تھا کہ گاہے گاہے
پی لیا میں نے بھی انگور کا رس اب کے برس

پھڑ پھڑانے کو ترستا ہی رہا ہوں صیّاد
اس قدر بھی پرِ پرواز نہ کس اب کے برس

جادہ پیما نہ ہوا قافلہ کیا کوئی رئیسؔ
آئی کانوں میں نہ آوازِ جرس اب کے برس

۷۸

کس کو خبر وہ دل پر جادو کرنے والی آنکھیں ہیں
دیکھو کیسی سیدھی سادی، بھولی بھالی آنکھیں ہیں

لوگ سمجھتے ہیں مے پی ہے، اب یہ کسی سے کیسے کہوں
میری مدہوشی کا باعث وہ متوالی آنکھیں ہیں

اُن کا منشا، اُن کا مقصد، اُن کی اک اک جنبش ہے
میں واقف ہوں خوب، وہ میری دیکھی بھالی آنکھیں ہیں

جب سے کوئی بھول گیا ہے، اپنا تو یہ عالم ہے
ذہن پریشاں، دل ڈوبا سا، خالی خالی آنکھیں ہیں

ترکِ تعلق کر تو لیا ہے، لیکن ایسا لگتا ہے
ہر دم میرے سامنے گویا ان کی سوالی آنکھیں ہیں

اُن کا تصور ہو تو کیا ہے دورِ صبح و شام رئیسؔ
گورا گورا سا مکھڑا ہے، کالی کالی آنکھیں ہیں

۷۹

سرِ راہ ان سے نظر ملی تو دلوں کے نقش ابھر گئے
میں نظر اٹھا کے جھجک گیا، وہ نظر جھکا کے گذر گئے

انھیں اعتماد ہے آپ پر، انھیں گیسوؤں کی ہو فکر کیا
جو بکھر گئے تو بکھر گئے، جو سنور گئے تو سنور گئے

بہ ہزار ناز و بصد ادا، وہ کوئی چمن کی طرف چلا
وہ سکوت غنچوں پہ چھا گیا، وہ گلوں کے چہرے اُتر گئے

ہمیں ان کی فکر و تلاش میں یہ حواس کب تھے کدھر چلیں
کبھی اِس طرف سے گذر گئے، کبھی اُس طرف سے گذر گئے

سرِ بزم بادہ کشاں کبھی جو وہ چشم میکدہ ساز اٹھی
جو بھرے تھے جام چھلک گئے جو چھلک گئے تھے وہ بھر گئے

وہ نگاہ اپنی مجاز تھی، کبھی اُٹھ گئی، کبھی پھر گئی
تو رئیسؔ ہم سے یہی ہوا، کبھی جی اُٹھے، کبھی مر گئے

O

اُن کی زلفوں کے سائے بھلے مل گئے
زندگی کے لئے مشغلے مِل گئے!

یہ بھی موقع ملا ہے مگر گاہ گاہ
کچھ گلے کر لیے اور گلے مل گئے

اُن کا رُخ اور چاند، ان کی زلف اور شام
سوچنے کے لیے مسئلے مل گئے

لیجے دیوانگی کی بنا پڑ گئی
کچھ خیالات اور ولولے مل گئے

۸۱

اُن کی فرقت میں تڑپوں کہ اِن کی سُنوں
عشق میں اک یہ ناصح بھلے مِل گئے

جانے کس کس کے قصّے نکل آئیں گے
دل جلوں سے اگر دل جلے مل گئے

ہم تو سوچا کئے زندگی پر رئیسؔ
اور دیوانے بڑھ کر گلے مل گئے

۸۲

سب کو معلوم ہے یہ بات کہاں
دن کہاں کاٹتا ہوں رات کہاں

اس کو تقدیر ہی کہا جائے
میں کہاں ان کا التفات کہاں

جن کے آگے زباں بھی ہل نہ سکے
کہنے بیٹھا ہوں دل کی بات کہاں

سوچ سکتا ہوں کہہ نہیں سکتا
لُٹ گئی دل کی کائنات کہاں

اے صبا ان کی کاکلوں کو نہ چھیڑ
منہ چھپائے پھرے گی رات کہاں

وہ تو آنسو نکل پڑے ورنہ
میں کہاں شرحِ واقعات کہاں

ان کو احساس ہو چلا ہے رئیس ؛ وہ نظر وہ ہنسی وہ بات کہاں

۸۳

○

جنابِ شیخ میخانے چلے ہیں
بہانہ یہ کہ سمجھانے چلے ہیں

نہ جانے کب سحر ہو اور کہاں ہو
ہم ان کی زلف سلجھانے چلے ہیں

بھلا اہلِ خرد اور راہِ پرخار
چلے بھی ہیں تو دیوانے چلے ہیں

جب آیا ہے خیالِ چشم و گیسو
گھٹا چھائی ہے پیمانے چلے ہیں

محبت نام کے اک واقعے سے
نہ جانے کتنے افسانے چلے ہیں

رئیسؔ اس انجمن میں تم بھی چلتے
کہ سوئے شمع پروانے چلے ہیں

۸۴

ہمیں کہتے ہیں پہچانے ہوئے ہیں
خدا جانے وہ کیا جانے ہوئے ہیں

وہ چپ ہے بادہ کش ہوں بے سلیقہ
مگر بدنام میخانے ہوئے ہیں!

نظر میں بے رخی، لب پر تبسم
نہ جانے دل میں کیا ٹھانے ہوئے ہیں

ابھی کچھ اور بدلے گا زمانہ
ابھی کچھ دوست بیگانے ہوئے ہیں

جب اس ساقی کو نیند آنے لگی ہے
نکل پی اور پیمانے ہوئے ہیں

قسم کھا کھا کے وعدہ کرنے والے
جو دل میں ہے وہ ہم جانے ہوئے ہیں

رئیس اپنی داستاں کس کو سنائیں
وہ چادر شام سے تانے ہوئے ہیں

۸۵

○

تم بھی میرے ساتھ جو چلتے
راہوں کے یہ موڑ نہ کھلتے

عظمت غم کا دھیان آتے ہی
رہ گئے آنسو ڈھلتے ڈھلتے

صرف چراغوں نے کیا ہوگا
میری طرح کچھ دن بھی جلتے

حسن پہ اے اترانے والے
دیکھا تو ہوگا سورج ڈھلتے

ختم کبھی ہوں یہ زیست کی راہیں
بیت گئے جگ چلتے چلتے

ان کا دامن تھام لیا ہے
ورنہ رئیس کبھی ہاتھ ہی ملتے

۸۶

پھیر کر منہ سلام لیتے ہیں!
احتیاطوں سے کام لیتے ہیں

جانے کیوں دل مرا دھڑکتا ہے
لوگ جب ان کا نام لیتے ہیں

فتنے اٹھتے ہیں جب زمانے میں
ان سے اذنِ خرام لیتے ہیں

بار بار اس نظر سے ٹکرا کر
دل سے ہم انتقام لیتے ہیں

کتنے بہکتے ہیں ان نگاہوں کو
کتنے بڑھ بڑھ کے جام لیتے ہیں

لائقِ التفات اور رئیس
آپ بھی کس کا نام لیتے ہیں

۸۷

○

دل میں مرے ارمان بہت ہیں
اس گھر میں مہمان بہت ہیں

آپ زمانے کو کیا جانیں
آپ ابھی نادان بہت ہیں!

ایسے ہی ہنس کر دل رکھ لو
ویسے تو ارمان بہت ہیں

ہے تو ان کا نام لبوں پر
اتنے بھی اوسان بہت ہیں!

غور کرو گے تو کانٹوں کے
گلشن پر احسان بہت ہیں!

ہائے محبت کی یہ رسمیں
انساں ہے انساں کے بس میں

ان کو لیکن کون بتلائے
فرق تو ہے ارمان و ہوس میں

ہجر کی رات الٰہی توبہ
صبح ہوئی ہے کتنے برس میں

سیدھا سادھا جان لیا ہے
روز رئیس کے سر کی قسمیں

۸۹

جب وہ مستِ خرام یاد آیا
دورِ مینا و جام یاد آیا

ان سے سیکھے کوئی اداکاری
بیٹھے بیٹھے سلام یاد آیا

آج ساقی نے کیوں اُچھالے جام
کیا کوئی تشنہ کام یاد آیا

جب سکوں کی ہوئی کوئی صورت
زندگی کا پیام یاد آیا

ان کو بربادیوں کے بعد رئیسؔ
میں بصد احترام یاد آیا

۹۰

○

غم کے قصّے عام ہو کر رہ گئے
لو، ہمیں بدنام ہو کر رہ گئے

جب ذرا کھُل کر چلی بادِ سحر
ان کے گیسو شام ہو کر رہ گئے

ابتدائے عشق میں اہلِ خرد
واقفِ انجام ہو کر رہ گئے

راہ تو بہکے سفیرانِ حرم
میکدے بدنام ہو کر رہ گئے

پڑ گئی ہے کس کی متوالی نظر
سارے غنچے جام ہو کر رہ گئے

اتفاقاً بھی نکل آئے جو اشک
اے رئیس الزام ہو کر رہ گئے

۹۱

مسلکِ اہلِ وفا ہے یہ بھی
ظلم کو کہیے ادا ہے یہ بھی

لب ہلانے کا نتیجہ معلوم
لوگ کہہ دیں گے گلا ہے یہ بھی

روز دیکھا کہ وہ دامن ہے قریب
روز سوچا کہ خطا ہے یہ بھی

مجھ سے کترا کے گذرنے والے
اور کچھ دن کی ہوا ہے یہ بھی

خارِ گلشن سے نظر مت پھیرو
سایۂ گل میں پلا ہے یہ بھی

باعثِ عظمتِ میخانہ رئیسؔ
کچھ بزرگوں کی دعا ہے یہ بھی

بے وفائی کا سلسلہ نہ ملا
آپ کا کوئی دوسرا نہ ملا

کچھ مزاج آشنا ملے لیکن
کوئی بھی درد آشنا نہ ملا

یہ تو کہیے خدا کے ہو نہ سکے
یہ نہ کہیے ہمیں خدا نہ ملا

غم کے عنواں جدا جدا تو ملے
غم سے کوئی مگر جدا نہ ملا

ہم کچھ اپنا بھی احتساب کریں
کیوں کہیں کوئی باوفا نہ ملا!

دوستوں میں رئیسؔ کو ڈھونڈو
اپنے گھر پر ملا ملا نہ ملا

۹۳

○

اپنے ہی ہمدموں سے ملتے ہیں
غمزدہ، غمزدوں سے ملتے ہیں

سوچ کر ہر قدم اٹھانا ہے
جان کر دشمنوں سے ملتے ہیں

گاہے گاہے سکوں بھی ممکن ہے
زخم بھی دوستوں سے ملتے ہیں

کچھ عبارت ہیں خانقاہوں سے
کچھ سبق میکدوں سے ملتے ہیں

ایک سے لوگ بھی تو آپس میں
مختلف زاویوں سے ملتے ہیں

ان کی زلفوں کے پیچ و خم بھی رئیسؔ
زیست کے راستوں سے ملتے ہیں

۹۴

هم تو غم سے زندگی پانے لگے
لوگ کیوں ہم پر ترس کھانے لگے

روشنی میں ظلمتِ حالات کی
دوست، دشمن سب نظر آنے لگے

اس ادا سے اس نے دیوانہ کہا
ہم خود اپنے کو بھی دیوانے لگے

ان کو احساسِ تعلق ہو چلا
بے تعلق سے نظر آنے لگے

اب کہاں جائیں کہ میخانے میں بھی
بعض چہرے جانے پہچانے لگے

وقت کی کچھ شوخیاں اتنی بڑھیں
لوگ سنجیدہ نظر آنے لگے!

آج دیکھا آئینہ تو اے رئیسؔ
ہم خود اپنے کو بھی بیگانے لگے

۹۵

نظر میں سب کی مری بے خودی کا عالم ہے
کسے خبر کہ بڑی بے بسی کا عالم ہے

عجب شئے ہے یہ نیرنگیٔ زمانہ بھی
کسی کا کوئی نہیں ہے، کسی کا عالم ہے

میں اب حقیقتِ دنیا سمجھ گیا شاید
خود اپنے آپ سے بیگانگی کا عالم ہے

ہر ایک دیکھ رہا ہے مرے تبسم کو
کسے خبر جو مری زندگی کا عالم ہے

مجھے عزیز ہے اب یوں رئیس ناکامی
سنا ہے غم سے گزر کر خوشی کا عالم ہے

۹۶

○

سُنا ہے جب سے کہ تم کو بھی غم گوارا ہے
خیال اب ہمیں اپنا نہیں تمہارا ہے

کبھی جو سُنتا ہوں آوازِ بازگشت اپنی
تو سوچتا ہوں کہ تم نے مجھے پکارا ہے

کہاں گئی مری زندہ دلی میں کیوں سوچوں
یہ فرض میرا نہیں دوستو تمہارا ہے!

زمانے بھر کو اگر گل تو ہم کو خار عزیز
زمانے بھر سے الگ مدعا ہمارا ہے

یہ رات اب یونہی کانٹوں پہ لوٹنا ہی رئیس
کہ تو نے پھولوں کے سائے میں دن گذارا ہے

یہ غزل میری اور میرے اُستاد بھائی، جگری یار نور بدایونی (پرنسپل ایم ایم کالج نگینہ) کی مشترکہ کاوش کا نتیجہ ہے۔ — رئیس

۹۷

سب کے لیے سوال یہ کب ہے کہ کیا نہ ہو
ان کو تو مجھ سے ضد ہے کہ میرا کہا نہ ہو

ان کو مرا وہ بزم میں چھپ چھپ کے دیکھنا
اور یہ بھی دیکھنا کہ کوئی دیکھتا نہ ہو

جس کی ہنسی اڑاتے ہیں دیوانہ کہہ کے لوگ
میں سوچتا ہوں وہ کوئی درد آشنا نہ ہو

ہر اک سے پوچھتا بھی ہوں ان کا پتا مگر
دل یہ بھی چاہتا ہے کسی کو پتا نہ ہو

میری نظر کی بات سمجھ کر کہیں رئیسؔ
ہر وقت ان کے سامنے اب آئینہ نہ ہو

۹۸

اب توجہ بھی ہے مُسکرانے کے بعد
وقت نے رنگ بدلا زمانے کے بعد

اپنے ذوقِ تجسس کی رکھنا تھی لاج
خود کو کھونا پڑا ان کو پانے کے بعد

اُف وہ گھبرا کے چاروں طرف دیکھنا
نام لکھ لکھ کے میرا مٹانے کے بعد

آئینہ رُو ہیں وہ لاؤ دیکھیں تو رنگ
آئینہ، آئینے کو دکھانے کے بعد

غنچہ و گل، مہہ و انجم و کہکشاں
سب کو کیا ہو گیا ان کے جانے کے بعد

اُن کا دامن نہ تھا دور لیکن رئیسؔ!
ہوش ہی کب رہا ہوش آنے کے بعد

۹۹

اب ہمیں یہ بھی سوچنا ہوگا
سوچتے ہی رہے تو کیا ہوگا

بزم میں ان کو دیکھنے کے لیے
سب کی نظروں کو دیکھنا ہوگا

لمحے صدیوں میں ہو گئے تبدیل
ختم کب غم کا سلسلہ ہوگا

عکسِ احساس تک دکھاتا ہے
دل سا کیا کوئی آئینہ ہوگا

پتھر دل کا ہی کیوں ہو شہر مرا
کوئی تو درد آشنا ہوگا!

۱۰۰

مجھ سے وہ کتنی دور ہیں اے دل
یہی منزل کا فاصلہ ہوگا

گم ہیں اب تک پیامبر کے حواس
کیا کہا ہوگا، کیا سنا ہوگا

روز یہ بات سوچتا ہوں رئیس
وہ نہ آئے تو آج کیا ہوگا!

۱۰۱

سبھی کو ہم جو زمانے میں بے وفا کہتے
تو کیا سمجھتے ہمیں لوگ اور کیا کہتے

انھیں پتا ہے محبت کی بے زبانی کا
مجھے نہ کہتے تو کس کو برا بھلا کہتے

کچھ اتنی دور ہمیں لے گیا بتوں کا خیال
ہم اپنے آپ تک آئے خدا خدا کہتے

تمام عمر اسی آرزو میں گزری ہے!
کسی سے ہم بھی کبھی اپنا مدعا کہتے

اگر یہ گردِ کدورت نہ درمیاں ہوتی
ہم اہلِ دل تو ہر اک دل کو آئینا کہتے

یہاں تو خود سے بھی نا آشنا ہیں لوگ رئیسؔ
یہاں جو کہتے تو ہم کس کو آشنا کہتے

۱۰۲

○

کیا ستم ہے وہ دوست کہلائیں
وقت کے ساتھ جو بدل جائیں

لالہ و گل سے کس کو فرصت ہے
زخمِ دل لے کے کس طرف جائیں

اختتامِ سفر سے پہلے ہی!
ڈھلتے سورج سے بات کر آئیں

اب یہاں ہے بلندئ تخئیل
اپنی ہی آرزو پہ پچھتائیں

گھر میں بیٹھے رہیں تو جی گھبرائے
گھر سے نکلیں تو ہم کدھر جائیں

حال پر میرے ہو سکے تو رئیسؔ
لوگ اظہارِ غم نہ فرمائیں

۱۰۳

لاؤ پھر چشمِ تماشا پر اک احساں ہی سہی
ان کا دامن جب نہیں، اپنا گریباں ہی سہی

احتیاطیں کیا کریں اس بے حسی کے دور میں
میری حالت میرے چہرے سے نمایاں ہی سہی

ہے تو الجھن کا سبب یہ بھی، مگر دلچسپ ہے
زندگی وابستۂ زلفِ پریشاں ہی سہی

کم سے کم دل کے لیے تسکین کی صورت تو ہے
ذہن میں اپنے خیالوں کا گلستاں ہی سہی

آپ سے نسبت ہے، الزام آپ پر بھی آئے گا
میری بربادی کا کوئی اور ساماں ہی سہی

زندگی کے واسطے کچھ تو سہارا چاہیئے
کوئی خواہش، کوئی حسرت کوئی ارماں ہی سہی

ہر حسیں تعبیر لوگوں کا مقدر بن گئی ؛ میری آنکھوں کیلئے خوابِ پریشاں ہی سہی

۱۰۴

○

لہرائی ہوئی زلفِ سیاہ فام ہے یارو
جی بھر کے پیے جاؤ ابھی شام ہے یارو

ساقی کی نظر دورِ مے و جام ہے یارو
اب کس کو غمِ گردشِ ایام ہے یارو

ہم لوگ تو پہلے ہی سے تھے وضع کے پابند
اب مست نگاہوں کا بھی پیغام ہے یارو

آغازِ محبت میں توجہ نہ دِلاؤ
ہوگا جو پسِ پردۂ انجام ہے یارو

بیٹھے رہو شاید کہیں ساحل پہ ہی مل جائے
نایاب سی شے جس کا سکوں نام ہے یارو

۱۰۵

○

آوارۂ عشق یوں جیئے ہیں
بیٹھے ہیں کہیں تو رو لیے ہیں

ہم ایسے نہ تھے گلہ نہ کرتے
ہوکر مجبور لب سیئے ہیں

غیروں کو دعائیں دے رہا ہوں
اپنوں نے سلوک ذم کیے ہیں

کانٹوں نے بہر قدم طلب میں
کچھ زخم دیئے ہیں، کچھ سئے ہیں

دامن ہی ترا نہ ہاتھ آیا
آنسو ہم نے بہت پیئے ہیں

ہونے کو رئیسؔ دل میں روشن ؛ اُمید کے آج بھی دیئے ہیں

۱۰۶

○

کوئی آہوں پہ مسکرا تو دیا
آندھیوں میں دیا جلا تو دیا

نگہِ لطف اتفاق سہی
غم کے ماروں کا دل بڑھا تو دیا

تلخیاں ہی ملیں محبت میں
تلخیوں نے مگر مزا تو دیا

اب کہے جایئے کہ بھول گئے
آپ نے رات بھر جگا تو دیا

خالقِ غم کا یہ کرم ہے رئیسؔ
کہ دلِ صبر آزما تو دیا

۱۰۷

جب زمانے کے ستم حد سے گذر جاتے ہیں
لوگ پھر ہوش میں آتے ہیں سنور جاتے ہیں

محض موہوم امیدوں کے سہارے اکثر
اشک آکر مری آنکھوں میں ٹھہر جاتے ہیں

دیکھنے والے تو ہنس دیتے ہیں دیوانے پر
جاننے والوں کے چہرے بھی اُتر جاتے ہیں

ہو جو احساس تو توفیق خدا دیتا ہے
باتوں باتوں میں بھی کچھ لوگ سدھر جاتے ہیں

ہو گی دشوار رہِ زیست مگر ہم تو رئیسؔ
موڑ آتے ہیں سہولت سے گذر جاتے ہیں

مدت سے نہ جانے کیوں پلٹے نہیں دیوانے
معلوم یہ ہوتا ہے راس آ گئے ویرانے

دیکھا ہے نظر بھر کر کس مستِ سراپا نے
سجدے میں صراحی ہے، چکر میں ہیں پیمانے

اللہ محبت کا انجام یہ ہوتا ہے
غیروں کو تو رحم آیا احباب نہ پہچانے

ہم نے تو رئیس اپنی حالت یہ بنا لی ہے
فرزانوں میں فرزانے دیوانوں میں دیوانے

۱۰۹

منھ پھیر کے در دیدہ نگاہوں سے اشارے
کہیے تو ستم، اور سمجھیے تو سہارے

ہیں رشک کا باعث غمِ دوراں کے لیے بھی
وہ دن جو غمِ دوست کے سائے میں گزارے

میں ان کو بھلا دینے کی کوشش میں ہوں لیکن
یہ پھول، یہ مہتاب، یہ غنچے، یہ ستارے

میں ان کے تصور سے ذرا کھیل رہا ہوں
اس وقت مجھے گردشِ دوراں نہ پکارے

معلوم ہوا رات نکھر آئی ہے جیسے
گیسوئے پریشاں جو رشیں اس نے سنوارے

۱۱۰

قصداً نہ سہی پھر بھی بڑی بے ادبی ہے
رہ رہ کے نظر ان کی طرف اٹھ تو رہی ہے

یہ ضبطِ محبت کا تقاضا کوئی دیکھے
ہونٹوں پہ تبسم ہے تو آنکھوں میں نمی ہے

شیریں سخن و ماہ وش و سرو خراماں
سب کچھ ہیں، مگر ان میں مروت کی کمی ہے

قصوں میں سہی، نام تو آتا ہے وفا کا
دنیا میں کہیں شمعِ وفا جل تو رہی ہے

○

ان کے کوچے سے سبھی کھو کے بھرم اُٹھے ہیں
کیوں کسی سے کہیں، کس رنگ میں ہم اُٹھے ہیں

حشر تھم تھم کے سرِ راہ اُٹھانے والے
جیسے فتنے تری رفتار سے کم اُٹھے ہیں

اب پہونچ جائیں جہاں بھی، یہ خبر کس کو ہے
گھر سے نکلے ہیں تو کس سمت قدم اٹھے ہیں

تکتے ہی رہ گئے منہ بزم میں اربابِ کرم
ایسے انداز سے مایوسِ کرم اُٹھے ہیں

۱۱۲

○

جو دل کی دوا ہے، وہ دوا کیوں نہیں دیتے
اے چارہ گر وان کو بلا کیوں نہیں دیتے

واقف نہ ہو جو شخص اشاروں کی زبان سے
اس شخص کو محفل سے اٹھا کیوں نہیں دیتے

جو محض نمائش تو کرے دل سے نہ کوسے
اس کوسنے والے کو دعا کیوں نہیں دیتے

کچھ دیکھ کے، کچھ سوچ کے شرمانے سے حاصل
آئینہ مقابل سے ہٹا کیوں نہیں دیتے

۱۱۳

○

زلف لہرائی دوش پر آئی
رُخ کا سایہ پڑا نکھر آئی

بام پر کس نے آکے الٹی نقاب
چاندنی صحن میں اُتر آئی

التجاؤں سے ہو نہ سکتا تھا
بے نیازی جو کام کر آئی

آج مدت کے بعد اس نے رئیسؔ
حال پوچھا تو آنکھ بھر آئی!

۱۱۴

O

دور سے ہم تک نہ آئے غم نہیں
التفاتِ چشم ساقی کم نہیں

زندگی سے ہم کہیں اکتا نہ جائیں
حادثے آئیں، مگر پیہم نہیں

غم خوشی سے بھی کہیں دلچسپ ہے
زندگی اک کیف ہے، ماتم نہیں

میرے عالم کو سمجھ لے اے رئیسؔ
دیکھنے والے کا دہ عالم نہیں

۱۱۵

○

ہر ذرہ کائنات کا تصویر یاس ہے
"میں کیا اداس ہوں کہ زمانہ اداس ہے"

اے مسکرانے والے مرے حالِ زار پر
میری حیات وقت کا اک اقتباس ہے،

یوں مطمئن ہوں میں کہ ترا دامنِ کرم
ہاتھوں سے دور ہے تو نگاہوں کے پاس ہے

غم دیکھ کر دیئے ہیں جناب رئیسؔ کو
یعنی نگاہِ یار بھی مردم شناس ہے

۱۱۶

○

قبول کی ہے سزا اعتبار کی خاطر
کہ جی رہا ہوں ترے انتظار کی خاطر

یہ اتفاق ہی کہیے کہ حادثات کو ہم
ہزار بار ملے ہیں بہار کی خاطر

وہ مل گئے تو بڑھی اور بیقراریٔ دل
ہم اُن کو ڈھونڈ رہے تھے قرار کی خاطر

رئیسؔ سارے زمانے میں ہو گئے مشہور
ہم اپنے قلب بہجت اشعار کی خاطر

۱۱۷

○

مجھ کو اور اس کے غم کے سوا سوچنا پڑا
حالات کا برا ہو، یہ کیا سوچنا پڑا

ہم ان کی بے رخی سے بہت شادتھے مگر
جب حد سے بڑھ گئی تو ذرا سوچنا پڑا

ایسا نہ ہو جنونِ محبت پہ حرف آئے
یہ کیوں مجھے مآلِ وفا سوچنا پڑا

جرأت نہ ہو سکی کہ سبب پوچھتے رئیسؔ
کیوں ہو گیا ہے کوئی خفا سوچنا پڑا

وہ اٹھیں تو عارض پہ زلفیں بکھیرے
دوگانہ پڑھوں گا سویرے سویرے

تصور رہے گا تو جاری رہیں گے
نشیمن کے چکر گلستاں کے پھیرے

انھیں خود پرستی سے فرصت ہی کب ہے
یہ نوخیز رہبر، نہ تیرے نہ میرے

ابھی دور ہے غالباً میری منزل
اجالوں پہ چھائے ہوئے ہیں اندھیرے

۱۱۹

آئی ہے صبا کوچۂ جاناں کی طرف سے
اب کا ہے کو گزرے گی گلستاں کی طرف سے

چھوڑ آئے ہیں کتنے تری یادوں کے گلستاں
گزرے ہیں کبھی ہم جو بیاباں کی طرف سے

آئی خبرِ صبحِ بہار اب کے تو ہوگا
آغازِ بہار اپنے گریباں کی طرف سے

ہاں یاد تو ہوتا ہے، رئیسؔ آپ بھی شاید
گزرے تھے کبھی شہرِ نگاراں کی طرف سے

120

سمجھئے مشفق و ہمدرد و غمگسار کسے
سنائیے بھی تو اب اپنا حالِ زار کسے

کہیں اجل ہی نہ ہو ان کی منزلِ مقصود
نہ جانے ڈھونڈتے پھرتے ہیں بیقرار کسے

خیال آنے لگا ہے یہ کس کے دامن کا
پکارتی ہے مری چشم اشکبار کسے

ہے جائے صبر کہ اسباب کچھ سہی لیکن
رئیس عالمِ ہستی میں ہے قرار کسے

۱۲۱

○

ان کی جانب سے اگر کوئی ستم ہوتا ہے
تو محبت کی زباں میں وہ کرم ہوتا ہے

شکریہ آپ کی زحمت کا، مگر بندہ نواز
پرسشِ غم سے مجھے اور بھی غم ہوتا ہے

میں نے ہنس ہنس کے محبت کا بھرم رکھا ہے
ورنہ ہنسنے سے کہیں درد بھی کم ہوتا ہے

میری حالت پہ ہنسا کیجیے کہ دیوانہ ہوں
کوئی افسوس جو کرتا ہے تو غم ہوتا ہے

۱۲۲

○

آجائیں وہ تو ہم کو نہ اپنی خبر ملے
یہ حال ہو تو ان سے بھلا کیا نظر ملے!

دیکھو زمانے بھر سے نبا ہی نہ جائیگی
اک دوست بھی بہت ہے، کسی کو اگر ملے

شاید تری تلاش میں نکلے تھے اور بھی
قدموں کے کچھ نشان سرِ رہگذر ملے

دنیا سے بھی نباہ ضروری تھا اے رئیس
جی تو تو نہ چاہتا تھا ہمارا، مگر ملے

یہ اور بات کہ مجھ کو نہ راس آئے ہیں
بہت لطیف ترے گیسوؤں کے سائے ہیں

بدل گیا ہے نموئے بہار کا مطلب
بہارِ نو نے چمن میں وہ گل کھلائے ہیں

یہ کب ہوا تھا اجالے سے دل لرز اٹھیں
یہ اپنی پلکوں پہ کس نے دیئے جلائے ہیں

سمجھ رہا ہوں کہ حد سے گذر چلے ہیں رئیسؔ
یہ میرے غم، جو مجھے میکدے میں لائے ہیں

۱۲۴

○

ایسے جینے کا بھی نام جینا پڑے
اشک آنکھوں میں آئے تو پینا پڑے

اے جنوں مصلحت کا بھی دور آئے گا
چاکِ جیب و گریباں نہ سینا پڑے

زہر سے کم نہیں تھے، تمہارے بغیر
مجھ کو ایسے بھی کچھ جام پینا پڑے

ساتھ ان کے جو گزرے تو اُن میں رئیسؔ
کوئی برسات کا بھی مہینا پڑے

۱۲۵

○

غم سے نسبت اگر نہیں ہوتی
زندگی معتبر نہیں ہوتی

ڈوبنے والا، ڈوبتا بھی نہیں
فکرِ ساحل اگر نہیں ہوتی

جو سجائی نہ جائے کانٹوں سے
وہ مری رہگذر نہیں ہوتی

زندگی کو نہ پوچھتا کوئی!
موت برحق اگر نہیں ہوتی

۱۲۶

○

جس کے رُخِ تاباں سے مہتاب ضیا مانگے
جینا ہو تو ایسے پر مرنے کی دعا مانگے

غم جس کو میسر ہو، اور وہ بھی تمہارا غم
اب اور وہ کیا چاہے، اب اور وہ کیا مانگے

جب سے تجھے دیکھا ہے، کیوں ذوقِ نظر میرا
ہر منظرِ دل کش سے تیری ہی ادا مانگے

غربت میں خلش غم کی ہر گام ضروری ہے
کانٹوں کے علاوہ کیا، اب آبلہ پا مانگے

۱۲۷

ماضی کا رکھنے کو بھرم ہنستے پھرتے بیچارے ہیں
کیسے کیسے لوگ جو اپنے اپنے حال کے مارے ہیں

کاش تمہارے دل کی بھی آواز یہی ہوتی یارو
منہ سے جو الفاظ نکلتے ہیں وہ کتنے پیارے ہیں

دنیا تو دنیا کی طرح ہے کیسا گلہ کس کا شکوہ
خود اپنے قاتل ہیں، کہ ہم اپنے احساس کے مارے ہیں

کاروباری کون نہیں ہے کس کو ہم ٹھہرائیں یہاں
دنیا کے رہنے والے دراصل سبھی بنجارے ہیں

۱۲۸

O

پا ہی لیتے نشاں سوچتے سوچتے
رک گئے ہم کہاں سوچتے سوچتے

اس سے بہتر ہے کوئی غلط ہی قدم
عمر ہو رائیگاں سوچتے سوچتے

دیکھ کر حال میرا انھیں دیکھ لو
لوگ پہونچے کہاں سوچتے سوچتے

سوچ سے اور بڑھتا گیا سوزِ غم
دے اٹھا دل دھواں سوچتے سوچتے

۱۲۹

O

لاکھ بہلاؤ مگر جی ہے کہ گھبراتا ہے!
شام جب ہوتی ہے گھر اپنا ہی یاد آتا ہے

خلوتِ فکر میں ایسا بھی مقام آتا ہے
پاس سے کوئی دبے پاؤں گذر جاتا ہے

وہ مہکتے ہوئے غنچے وہ دمکتی شمعیں
ہائے کیا دورِ محبت تھا جو یاد آتا ہے

مرتبہ اپنا اگر عشق سمجھ لے تو رئیسؔ
دبدبہ حسن کا منہ دیکھ کے رہ جاتا ہے

رنج و غم کے ماروں کا جب خیال آتا ہے
خود کو سامنے رکھ کر قلب کانپ جاتا ہے

عکس ہیں حقیقت کو کون دیکھ پاتا ہے
وقت کا تو ہر لمحہ آئینہ دکھاتا ہے

ہنس رہی ہے وحشی پر، اس لیے کہ دنیا کو
سوچنا نہیں آتا، دیکھنا ہی آتا ہے

جو خرد پہ مبنی ہو اور جنوں کی حد تک ہو
آدمی کو ایسا غم آدمی بناتا ہے

۱۳۱

سبھی کچھ دیکھنا پڑتا ہے، کیا دیکھا نہیں جاتا
مگر کیوں بے رُخی کا سلسلہ دیکھا نہیں جاتا

ہمیں اہلِ وفا کی عظمتوں پر رشک آتا ہے
مگر یہ کیا کہ انجامِ وفا دیکھا نہیں جاتا

نہیں ہے عقل سے، ایمان کا دل سے تعلق ہے
خدا محسوس ہوتا ہے، خدا دیکھا نہیں جاتا

۱۳۲

وہاں وہاں سے پیامِ بہار آئے ہیں
جہاں جہاں بھی ہم ان کو پکار آئے ہیں

انھوں نے ضبطِ غمِ دل کی لاج رکھ لی ہے
اس انجمن میں جو ہنس کر گزار آئے ہیں

کہو کہ عشق کی خوش کامیاں قدم چومیں
تلاشِ زیست میں ہم سوئے دار آئے ہیں

۱۳۳

○

دن جو فصلِ بہار میں گزرے
آپ کے انتظار میں گزرے

عمر بھر بے قرار رکھنے کو
چند لمحے قرار میں گزرے

اک گنہگارِ زیست کے کچھ دن
زیست کے اعتبار میں گزرے

۱۳۴

پہلے تو یہ خود اپنے کو برباد کرے ہے
پھر شکوۂ دنیا دلِ ناشاد کرے ہے

کچھ تم ہی سمجھ سکتے ہو، معلوم نہیں کیوں
اک شخص ہے جو تم کو بہت یاد کرے ہے

اس بات کو کچھ دل ہی سمجھتا ہے کہ دل پر
کیا گذرے ہے جب اپنا بھی بیداد کرے ہے

۱۳۵

جس سے جو کچھ بھی سُنا بھول گیا
بات کی، آگے بڑھا، بھول گیا

آگیا غیر کا اندازِ بیاں
اور خود اپنی صدا بھول گیا

آج پھر ذہن پہ اک بوجھ سا ہے
سوچتا ہوں کہ میں کیا بھول گیا

شہر ہے یہ کوئی صحرا بھی نہیں
یا میں اندازِ صدا بھول گیا

اب یہ تدبیر کی قسمت کہ رئیسؔ
ہاتھ اُٹھائے تو دعا بھول گیا

○

جہاں کو ہو تو ذرا عظمتِ وفا معلوم
تجھی سے لوگ کریں گے مرا پتا معلوم

کسی سے پوچھا تو سمجھا کہ وہ زہرِ غم ہی سہی
چلو ہوا تو کوئی دردآشنا معلوم

قدم قدم پہ ارادے شکست ہوتے رہیں
شعار اپنا ہے پھر بھی یقیں کیوں نہیں خدا معلوم

ہر ایک اپنے ہی ذوقِ نظر کی حد تک ہے
کہاں ہیں میری نگاہیں، کسی کو کیا معلوم

ہماری اُلجھنیں یہ ہیں کہ ہم محسوس کرتے ہیں
کسی کا غم بھی ہو اپنا ہی غم محسوس کرتے ہیں

یہ دنیا اور احساسات، لیکن کیا کیا جائے
وہی لکھتے ہیں جو اہلِ قلم محسوس کرتے ہیں

کوئی دیکھے ہماری سمت تو یہ سوچ کر دیکھے
نگاہوں کا ہر اک انداز ہم محسوس کرتے ہیں

جہاں کی ٹھوکریں کھا کر چلو کچھ تو شعور آیا
غنیمت ہے رئیسؔ اب لطفِ غم محسوس کرتے ہیں

۱۳۸

قدرِ ظلمت سے ہے ورنہ روشنی کچھ بھی نہیں
زندگی میں غم نہ ہو تو زندگی کچھ بھی نہیں!

اختیار و جبر کی منزل میں آکر دیکھئے
آدمی سب کچھ ہے لیکن آدمی کچھ بھی نہیں

ہر ادائے زندگی کا اپنا اک انداز ہے
احتیاطیں ہیں تو پھر دیوانگی کچھ بھی نہیں

سوچتا ہوں جب اچانک کوئی بجھتا ہے چراغ
زندگی یہ زندگی، کیا زندگی، کچھ بھی نہیں

کچھ خمار احساس کا ہے کچھ سرورِ غم رئیسؔ
ویسے پینے کی کوئی پوچھے تو پی کچھ بھی نہیں

غموں سے کھیلتے رہے خوشی کے دھوکے میں
کہ اب تو آ ہی گئے زندگی کے دھوکے میں

یہاں ہر ایک مسیحا دکھائی دیتا ہے
نہ آئے کوئی کہاں تک کسی کے دھوکے میں

خوشا یہ دور کہ خوش فہمیٔ خلوص لئے
ہر آدمی ہے کسی آدمی کے دھوکے میں

یہیں سے ہے مرے فکر و شعور کا آغاز
نہ آئے کوئی مری بے خودی کے دھوکے میں

فریب جاننے والے سے کھا گیا ہوں رئیس
کب آ سکا ہوں کسی اجنبی کے دھوکے میں

۱۴۰

○

صحبتِ گل بھی میسر ہوئی کانٹوں کو تو کیا
وہی دُکھ دینے کی خو ہے، وہی چبھنے کی ادا

بس کہ فردوسِ تخیل تھی انھیں کی صورت
بات جب کی ہے کہ میں نے انھیں دیکھا بھی نہ تھا

وہیں کانٹوں کے لیے راستے ہموار ہوئے
زندگی تو نے جہاں پھولوں پہ چلنا سیکھا

کچھ صداؤں کا تعلق فقط احساس سے ہے
دل نے محسوس کیا، دل جو کسی کا ٹوٹا

اور احباب کو کیا پیش کیا جائے رئیسؔ
ہے بھی کیا اور مرے پاس محبت کے سوا

۱۴۱

○

جگر پارے سے کھو کر رہ گیا ہوں
کئی یاروں کو رو کر رو کر گیا ہوں

مجھے بھیجا گیا مختار کر کے!
مگر مجبور ہو کر رہ گیا ہوں

یہ بیٹھے بیٹھے کس کی یاد آئی
کہ میں پلکیں بھگو کر رہ گیا ہوں

یہ مجھ سے وسعتِ احساس لے لو
بہت محدود ہو کر رہ گیا ہوں

کہاں ہوں میں کہاں ہے میری منزل
یہ کن راہوں میں کھو کر رہ گیا ہوں

متفرق اشعار

خود اپنے آپ سے ہارے ہوئے ہیں　　　کہ ہم احساس کے مارے ہوئے ہیں

مجھے بس دیکھ لو میں کیا بتاؤں　　　زمانے کی جو حالت ہو گئی ہے

مری تقدیر ان کی چشمِ کرم　　　آج کل محوِ خواب ہیں دونوں

کہیں تو ٹھیس لگے انکی بے نیازی کو　　　مری طرف سے بھی کچھ بے رخی ضروری ہے

ہر ایک کس لیے احساس میرے غم کا کرے　　　ہر ایک صاحبِ دل ہو کوئی ضروری ہے

عظمتِ گل تسلیم ہے لیکن　　　دامن بھی دامن ہے میرا

وہ اگر آئے ہیں کبھی بے نقاب　　　ہم در و دیوار نظر آئے ہیں

مگر اک نشۂ فردوسِ تخیل ہے کہ خیر　　　جانتے ہیں کہ محبت کسے راس آئی ہے

۱۴۳

وہ نظریں بھی اُٹھیں گی اے پینے والو　　ذرا دَور بدلا تو جام اور بھی ہیں

اے دل کہاں چلیں غمِ دوراں کہاں نہیں　　وہ کون سی زمیں ہے جہاں آسماں نہیں

دھوکا یہی ہوتا ہے ہر آواز پہ جیسے　　مجھ سے کوئی میرا ہی پتا پوچھ رہا ہو

فتنے مچل نہ جائیں قیامت بپا ہو　　آہستہ چل صبا کہ کوئی محوِ خواب ہے

یہ طوفانِ غم، اور کناروں کی باتیں　　ڈبو کر رہیں گی سہاروں کی باتیں
محبت کی مجبوریاں بھی عجب ہیں　　سُنی ہی گئیں غمگساروں کی باتیں

ہوں میں تیار ہر سزا کے لئے　　اب تو من جائیے خدا کے لیے
حال یہ ہے کہ چارہ سازوں کے　　ہاتھ اُٹھنے لگے دعا کے لیے

کہیں نہ جا نکلیں کھا کر قسم اُٹھے تو سہی　　چلو یہ کفر تو ٹوٹا کہ ہم اُٹھے تو سہی

لیا زمانے نے عبرت کا اک سبق مجھ سے　　مری شکست نے چونکا دیا زمانے کو

قطعات

۱۴۵

آپ کا ذکر نہیں، ذکر ہے بے مہروں کا
دل پہ گذری ہے جو میرے مجھے کہنے دیجے
آپ کے پھول سے چہرے پہ یہ شبنم کیسی
میں تو ہنستا تھا یونہی، چھوڑیئے رہنے دیجے

اب وہ آئے، مگر نہیں آئے
اضطراب و قرار کیا کہیئے
جینا مرنا ہر ایک آہٹ پر
لذتِ انتظار کیا کہیے

ترکِ شغلِ مے و مینا کا بھی پابند رہوں
دامنِ رندی و مستی بھی نہ چھوٹے ساقی
لگ رہے، گا ہے، مری جانب بھی یہی مست نظر
پی بھی لوں اور مری توبہ بھی نہ ٹوٹے ساقی!

کون خوددار، کس کی خودداری
اب تو بس احتیاط باقی ہے
خونِ دل کی شراب ہے موجود
اور احساس میرا ساقی ہے

اُٹھنے کا ہے کسی سے نہیں بارِ دوستی
سچ ہے کوئی مذاق نہیں کارِ دوستی
یارو نظر میں اب مری جچتا ہی کچھ نہیں
تم نے بڑھا دیا ہے وہ معیارِ دوستی

دورِ حاضر میں تہہِ سایۂ دامانِ سکوں
چند لمحات بھی ہیں کتنے غنیمت یارو
یہ جو سر جوڑے ہوئے بیٹھے ہیں ہم تم اس وقت
یہی ماحول تو دنیا کی ہے جنت یارو

۱۴۷

چلو ہجومِ الم میں تو صبر بھی کر لیں
بغیرِ دوست مگر ہر خوشی ادھوری ہے
نہ ہو جو غم میں تو اتنا الم نہیں ہوتا
خوشی میں دوست کا ہونا بہت ضروری ہے

مغموم و رنجور ہو وہ بھی، یہ بھی تو ہو سکتا ہے
عیش و طرب سے دور ہو وہ بھی، یہ بھی تو ہو سکتا ہے
جس سے میں طالب ہوں، درد کا جس سے مجھے امیدیں ہیں
میری طرح مجبور ہو وہ بھی، یہ بھی تو ہو سکتا ہے

سُنی سنائی میں وہ بات ہی نہ تھی یارو
جو بات خود پہ گذرنے میں ہم نے پائی ہے
بُرا جو وقت پڑا ہے تو کس وضاحت سے
قدم قدم پہ یہ دُنیا سمجھ میں آئی ہے

۱۴۸

اکثریت میں دشمن صفت دوست ہیں
جن سے محفوظ رہنے کا امکاں نہیں
اِن سے بچنا بھی ہے، اِن سے مِلنا بھی ہے
اور یہ بھی کوئی کارِ آساں نہیں

حادثہ کوئی ہوا جب آشکار
آڑ میں نکلا کوئی اپنا ہی یار
اس قدر کھائے ہیں دنیا سے فریب
اب تو اپنا تک نہیں ہے اعتبار

دور سے پرسشِ حالات ہے ہر سُو جاری
کچھ عجب طور نظر آنے لگی غم خواری
دوست کس حال میں ہے، دوست کو معلوم نہیں
دوستی اس کو کہا جائے کہ دنیا داری!

۱۴۹

کچھ تقاضے ہیں وقت کے ورنہ
ہے کسے شوقِ بزم آرائی
پاسِ خاطر جو دوستوں کا نہ ہو
لاکھ بہتر ہے اپنی تنہائی

ذکر رنگینیوں کا ہو جن میں
وہ فسانے تلاش کرتا ہے
اب تو کچھ دیر مُسکرانے کے
دل، بہانے تلاش کرتا ہے

ہماری ادا یہ ہر اک جانتا ہے !
کہ کس حال میں مسکرائے ہوئے ہیں
کوئی اُن کی لذت سے واقف کہاں ہے
وہ آنسو جو آنکھوں تک آئے نہیں ہیں

۱۵۰

کیوں کھٹکتے ہیں نگاہوں میں یہ ہم سے پوچھو
یوں تو کیا کچھ نہ بتائیں گے بتانے والے

ہو کے برباد بھی چلتے ہیں اُٹھائے ہوئے سر
ہم سے اس بات پہ برہم ہیں زمانے والے

نظمیں

۱۵۲

نظم رامپور میں آپ نے میرے دل کی باتیں کہی ہیں میں بھی اگر کہتا تو یہی کہتا۔ نیز جو شخص بھی رامپور کو اپنا وطن کہتا اور سمجھتا ہوگا وہ یہی کہے گا۔ جزاک اللہ دعاگو: امتیاز علی عرشی

۱۷ر دسمبر ۷۲ء

رام پور

(مئی ۱۹۷۲ء)

آج ہم کہنے چلے ہیں داستانِ رامپور
سننے والو تلخ تو ہوگا بیانِ رام پور

کیا بتائیں تم کو اب اے وارثانِ رامپور
کتنے غیرت مند تھے ہم ساکنانِ رامپور

کچھ پڑھے لکھوں کے باعث یہ بھی کہنا پڑ گیا
تھے پڑھے لکھوں سے بہتر جاہلانِ رام پور

اپنے ہی اخلاق و ایثار و شرافت کی قسم
کتنے دولتمند تھے ہم مفلسانِ رامپور

دیکھتا ہوں کھیت کو خود کھا رہی ہے اس کی باڑ
سوچتا ہوں غیر کب ہیں دشمنانِ رام پور

کل تھا غیروں کیلئے بھی جان دینے کا رواج
آج اپنوں کو مٹا دینا ہے شانِ رام پور

آڑ میں ہمدردیوں کی کھیل کر جذبات سے
شہر کو پھونکا کئے شعلہ بیانِ رام پور

ہو تو سکتے تھے یہاں فخرِ وطن نازِ وطن
کاش بی اماں[۱] سی ہوتیں دخترانِ رامپور

ہائے اس کلب علیخاں کے وطن میں آج ہیں
اپنے مطلب کے پجاری رہبرانِ رامپور

کیا کریں جب اٹھ گیا چھوٹے بڑے کا امتیاز
ہیں گھروں میں معتکف اب مخلصانِ رام پور

۱۔ مولانا محمد علی (جوہر) شوکت علی کی والدہ صاحبہ کا خطاب

اور تو سب ٹھیک ہیں، سنتے ہیں یہاں — بس شریفوں کو سمجھے بے کسانِ رام پور
دین ماننے سے جدا باقی ابھی کچھ خوبیاں — ہیں ابھی کچھ لوگ کہیے جن کو جانِ رام پور
ہائے کن حالات میں بھی نشاد آتے ہیں نظر — زندہ باد و مرحبا زندہ دلانِ رام پور
کیسے چھوڑیں اپنی گلیاں اپنے یار اپنے کھنڈر — ایسے ہیں مجبورِ دل سے عاشقانِ رام پور
کیا کنائے کیا اشارے کیسا اندازِ بیاں — ہر جگہ پہچانی جاتی ہر زبانِ رام پور
عید جیسے ہو گئی ہو، جیسے دنیا مل گئی — دو دل مل جائیں کہیں دو ساکنانِ رام پور
اک طرف یہ خوبیاں اور اک طرف یہ بے حسی — کیا کہے گی تم سے روحِ بانیانِ رام پور
گر نہ رکھا وقت کی تم نے نزاکت کا لحاظ — ایک دن مٹ جائے گا یارو نشانِ رامپور
کوئی بات ایسی نہ ہو جس سے وطن پر حرف آئے — کاش دل میں ٹھان لے ہر نوجوانِ رام پور

گھر ہو جب بدنام، گھر والوں کی کیسی آبرو
ہے وطن کی آبرو کا نام اپنی آبرو

۱۵۴

میرے وطن

اے وطن، میرے وطن، اچھے وطن، پیارے وطن!
تیرے بازو پر ہمالہ گود میں گنگ و جمن
اے وطن، میرے وطن، اچھے وطن پیارے وطن

اپنی محنت پر ہیں نازاں تیرے باہمت کسان
تیری دھرتی کے محافظ خوب رد کڑیل جوان
ہے ترنگا تیری عزت، تیری عظمت کا نشاں
واہ تیری کج کلاہی، واہ تیرا بانکپن!
اے وطن، میرے وطن، اچھے وطن، پیارے وطن

شام کو یہ لہلہاتے سبزہ زاروں کا سماں
صبح کو یہ گنگناتے آبشاروں کا سماں
ہر طرف، ہر سمت یہ رنگیں نظاروں کا سماں
پرسکوں صحرا ہے تو ہنگامہ پرور ہے چمن
اے وطن، میرے وطن، اچھے وطن، پیارے وطن

منظرِ شامِ اودھ، صبحِ بنارس بھی یہیں
مالوے کی شب سہانی، دلفریب و دلنشیں
مرکزِ عاشق مزاجاں، مہہ جبینوں کی زمیں
کیا حسیں چاہِ زنخداں، کیا حسیں چاہِ ذقن
اے وطن، میرے وطن، اچھے وطن، پیارے وطن

قطب کی ہے لاٹ تیری سر بلندی کا نشاں
باعثِ حیرت اجنتا اور الورا بھی یہاں
آگرہ کا تاج حسن و عشق کی اک داستاں
فیض سے تیرے یہاں فنکار کا نکھرا ہے فن
اے وطن، میرے وطن، اچھے وطن، پیارے وطن

آنکھ ہے یوپی تری اور دل ترا پنجاب ہے
خطۂ کشمیر ترا جلوۂ نایاب ہے
شان ہے دلی تری، جو فکر و فن کا باب ہے
تیری شوکت کے نشاں بنگال و گجرات و دکن
اے وطن، میرے وطن، اچھے وطن، پیارے وطن!

رند مشرب بھی یہاں رہتے ہیں اور دیں دار بھی
دوستی سے بھی شناسا واقفِ پیکار بھی
مختصر یہ ہے کہ شاخِ گل بھی ہیں، تلوار بھی
تیرے باسی شعلہ بار و، دیدہ ور، شیریں سخن

اے وطن، میرے وطن، اچھے وطن، پیارے وطن

تیری آزادی کا اب ہر اک کے سر پر تاج ہے
جاں نثاری کا صلہ جنتا کا تجھ پر راج ہے
مشعلِ راہِ ترقی، تیرا مسلک آج ہے
ساری دنیا اب تو اپنانے لگی تیرا چلن

اے وطن، میرے وطن، اچھے وطن، پیارے وطن

رفیقۂ حیات

اے حسیں خواب کہ جس کی تجھے تعبیر کہوں
مری ہمدم، مری ہمراز مرے دل کا سکوں

بات کل کی ہے کہ تو نے مجھے اپنایا تھا
آنکھوں آنکھوں میں سبق پیار کا سمجھایا تھا
اے مری چاند! مجھے تو نے اجالا بخشا
میری دنیا کو محبت کا سہارا بخشا

کیسی پُر لطف نئی زیست نے اپنائی تھی راہ
تیری باہوں میں مرے شوق نے پائی تھی پناہ
اک نئی صبح کے ارمان میں کھو جاتے تھے
چاند تاروں کی خنک چھاؤں میں سو جاتے تھے

غم و آلام و مصائب سے تھی کیا بے خبری
ہر سحر آ کے تھپکتی تھی نسیمِ سحری

۱۵۸

سحر و شام سہانی، تو حسین راتیں تھیں
کیا شب و روز تھے، کیا دور تھا، کیا باتیں تھیں
حد سے جب تلخیٔ حالات گذر جاتی ہے
اپنے ماضی پہ ہی رہ رہ کے نظر جاتی ہے
اب نہ وہ دن ہی رہے اور نہ ویسی کوئی رات
کہ زمانے کو نہیں ہے کسی عنواں ثبات
صرف اک تو کہ رہی اپنی وفا پر قائم
بصد اخلاص، محبت کی ادا پر قائم
آپ تکلیف اٹھائی مجھے آرام دیا
تو نے ہر حال میں میرے لیے ایثار کیا
میری خدمت کو شعار اپنا بنایا تو نے
سچ تو یہ ہے مرا ہر ناز اٹھایا تو نے
جانتا تھا یہ سبھی کچھ، مگر احساس نہ تھا
اپنے ہی عیش کا خواہاں تھا ترا پاس نہ تھا
اور اب ہوش جو آیا تو وہ حالات نہیں
اور اب بات جو سمجھا ہوں تو وہ بات نہیں
کیا کہوں میں، کہ ہوں ناکام تمنا ایسا
اپنا دشمن بھی نہ ہو گا کوئی میرا جیسا

۱۵۹

میری تشویش و تفکر کا عجب عالم ہے
تجھ کو احساس ہے یہ اور بھی مجھ کو غم ہے،
کس طرح ہو ترے آرام وسکوں کا ساماں
تجھ کو خوش رکھنے کا اس دل میں ہے کتنا ارماں
پھول جتنے بھی گلستاں کے لٹا دوں، کم ہے
چاند تارے بھی اگر توڑ کے لا دوں، کم ہے
سعی کرتا ہوں کہ بدلیں کسی صورت حالات
مگر آ جاتی ہے آڑے، وہی تقدیر کی بات
یونہی آگے بھی مقدر نے ستم ڈھائے اگر
سوچتا ہوں کہ جو سوچا ہے نہ ہو پائے اگر
اسی اندیشے کا انجام ہے یہ نظم مری
میرے احساس کا انعام ہے یہ نظم مری
ہدیۂ عشق ہے دلدار تری خدمت میں
پیش ہیں یہ مرے اشعار تری خدمت میں

١٦٠

بھئے!

الاماں دورِ ابتلا بھئے
یاد آنے لگا خدا بھئے

آج اس دورِ خود پرستی میں
کون ہے کس کا آشنا بھئے

اب کسی کو یہ سوجھتا ہی نہیں
کیا بھلا ہے تو کیا برا بھئے

یہ ترقی بھی کیا ترقی ہے
آدمی بن گیا خدا بھئے

اب کسی کا بھلا بھی کرنا ہو
تو ذرا پہلے سوچنا بھئے

یہ ترے بھائی ہی تجھے اک دن
بیچ دیں گے جو بس چلا بھئے

بولتا ہے جو کوئی پیار سے اب
دل دھڑکتا ہے کیوں مرا بھئے

پارسا اس کو مت سمجھ لینا
جو نظر آئے پارسا بھئے

کچھ نہیں پھر بھی دل میں چبھتا ہے
شعر اپنے رئیس کا بھئے

شمس الرحمٰن فاروقی

جناب رئیس رامپوری غزل کی اس سیدھی اور سادہ روایت کے شاعر ہیں جس کی تجدید میں حسرت سے لے کر جگر تک کئی چھوٹے بڑے شعرا نے حصہ لیا ہے۔ اس بات کے باوجود کہ ان کی غزل زمانے کے بدلتے ہوئے رنگوں سے بڑی حد تک کنارہ کش رہی ہے اور اس وجہ سے اس کی خوشبو میں وہی کیفیت ہے جو پرانے عطر میں بسے ہوئے کپڑوں کی ہلکی خوش گواری میں ہوتی ہے، اس کی سچائی اور فنی سنجیدگی میں کوئی کلام نہیں۔ آج کل

جب کہ شاعری سے یہ تقاضا عام ہے کہ اس میں شخصیت کے جھوٹ کی جگہ شخصیت کا سچ شامل ہو، رئیس صاحب کی غزل تجربے کی وسعت کے بجائے احساس کی سچائی کے باعث متاثر کرتی ہے۔

دلی، ۱۷ اپریل ۱۹۰۸

شمس الرحمٰن فاروقی

"رئیس رام پوری صاحب کے زیرِطبع مجموعے احساس پر ایک نظر ڈالنے کا اتفاق ہوا۔ جیسا کہ انھوں نے خود اعتراف کیا وہ پرانے رنگ کی شاعری کے قائل ہیں۔ میرا عقیدہ ہے کہ اس زمانے میں جدیدیت نے غزل کو جو گہرائی اور گیرائی دی ہے اس سے رُوگردانی کفر ہے لیکن جدید کو قدیم کی بُنیادوں ہی پر استوار کیا جا سکتا ہے۔ رئیس رامپوری صاحب کی غزلوں میں کلاسکی رچاؤ ہے۔ ان کی سیر کرنے ایک گہرے اور گاڑھے انبساط کا احساس ہوتا ہے۔ مجموعے کو کھولنے پر شروع ہی میں اس مطلع سے ٹکرایا۔

نیازِ عشق سے نازِ بُتاں تک بات جا پہنچی
زمیں کا تذکرہ تھا آسماں تک بات جا پہنچی

طبیعت پر وہ لطف چھا گیا جو آزادی سے قبل جگر کے اشعار پڑھ اور سُن کر ہوتا تھا۔ اور پھر غبارِ مسافرت کا یہ شعر دیکھا

زہے نصیب کہ منزل ہے بے نشاں اب تک
لیے ہوئے ہے مجھے گردِ کارواں اب تک

ہم سے زیادہ تر کی منزل بے نشاں ہے میں قارئین سے سفارش کرتا ہوں کہ ان اشعار کے خالق کے ساتھ کچھ وقت گزاریں"

(ڈاکٹر) حمیل سن حسیو

"جناب رئیس رامپوری کی غزل میں وہ لہجہ صاف پہچانا جاتا ہے جس کی تشکیل میں دبستانِ رامپور کی مخصوص روایات کا دخل ہے ——— انفعالیت سے دُور ایک توانا لہجہ جو خود آگاہی کا بھی مظہر ہے اور خود اعتمادی کا بھی۔ ان کے کلام سے ان کی پختہ مشقی بھی ظاہر ہوتی ہے"

——— محمود سعیدی

رئیس رامپوری

مجھے اس امر کے اظہار میں غیر معمولی اطمینان اور مسرت ہے کہ میں یہ موقع پا رہا ہوں کہ جناب رئیس رامپوری صاحب کی نہایت کامیاب اور دل کش غزل گوئی پر بستر علالت سے اظہارِ خیال کروں۔ زندگی ایک حقیقت بھی ہے لیکن یہ حقیقت ایک اشاریت بھی لیے ہوئے ہے۔ اردو غزل کے بہترین نمونے اسی حقیقت اور اشاریت کا پتہ دیتے ہیں۔ غزل کے اشعار میں ایسی لطافت اور گراں بہا بلاغت پیدا کر دینا کہ شعر ایک نرم و نازک پھول ہو اور ساتھ ہی اس میں اتنا وزن ہو کہ کوہِ گراں بھی پناہ مانگے انتہائی خوش قسمتی ہے ایسے اشعار کا درجہ الہامی ہوتا ہے۔ ایسے اشعار اس وقت ہوتے ہیں جب فطرت شاعر کے ہاتھ سے قلم اپنے ہاتھ میں لے لیتی ہے۔ اور اس کی جگہ خود شعر کہہ دیتی ہے۔

رئیس رامپوری کے صدہا اشعار ایسے ہیں جن کے بارے میں بلاخوفِ تردید یا بلاخوفِ اختلاف یہ کہا جا سکتا ہے کہ وہ ہو گئے ہیں کہے نہیں گئے ہیں پورا کلام انتخاب معلوم ہوتا ہے۔ ان کے اشعار بیک وقت دل و دماغ کی رگوں کو چھوتے ہوئے نظر آتے ہیں۔ اور ہمارے وجدان کو چونکا دیتے ہیں میں اسے عین اپنی خوش قسمتی سمجھوں گا اگر میں اس وقت تک زندہ رہا جب ان کا کلام زیورِ طباعت سے آراستہ ہو کر میری زندگی میں میرے ہاتھوں آ جائے۔ اپنے لیے اور جناب رئیس رامپوری کے کلام کے لیے اسی دعا پر اپنی بات ختم کرتا ہوں۔

فراق گورکھپوری

۲۸ اپریل ۱۹۷۶ء - بینک روڈ الہ آباد